风水

汇集中国历代大师、风水典籍的实用风水精华

杭州茅状元祖地

祥龙纳福

罗盘
经天纬地的罗盘是堪舆风水的必备工具

历代最有影响衣食住行，婚丧嫁取的家藏择吉宝典

一本最具实用性包容风水、择吉、命理的综合性择吉书

# 三元总录

传统数术名家精粹

【一叶知秋、一针见血、胸罗千载、面转乾坤】

（明）柳洪泉◎著

杨金国◎点校

刘保同◎主编

最典型合局的阳宅。阳宅风水讲究来龙来脉之气势，山局龙运，砂水之纳配。靠山稳固，龙虎相辅，水聚天心，若又得元运之当令，自能吉上加吉，吉中生旺。阳宅以龙气山局为体，砂水元运为用，形局理气两全者为福地也。

内蒙古人民出版社

**图书在版编目（CIP）数据**

三元总录/（明）柳洪泉著. –呼和浩特:内蒙古人民出版社,
2010.5（2022.1重印）

（传统数术名家精粹/刘保同主编）

ISBN 978-7-204-10499-4

Ⅰ.①三⋯　Ⅱ.①柳⋯　Ⅲ.①住宅–风水–中国–明
代 ②婚姻–风俗习惯–中国–明代 ③葬俗–风俗习惯–中
国–明代　Ⅳ.①B992.4②K892.22

中国版本图书馆 CIP 数据核字（2010）第 090333 号

传统数术名家精粹

# 三元总录

（明）柳洪泉　著

| | | |
|---|---|---|
| **责任编辑** | 王继雄 | |
| **封面设计** | 宋双成 | |
| **出版发行** | 内蒙古人民出版社 | |
| **地　　址** | 呼和浩特市新城区中山东路 8 号波士名人国际 B 座 5 层 | |
| **印　　刷** | 呼和浩特市圣堂彩印有限责任公司 | |
| **开　　本** | 710×1000　1/16 | |
| **印　　张** | 15 | |
| **字　　数** | 220 千字 | |
| **版　　次** | 2010 年 12 月第 1 版 | |
| **印　　次** | 2022 年 1 月第 4 次印刷 | |
| **书　　号** | ISBN 978-7-204-10499-4 | |
| **定　　价** | 29.80 元 | |

如出现印装质量问题,请与我社联系。

联系电话:(0471)3946120

# 出版前言

　　五千年的文化长河中，有一支渊源流长，而且历代备受推崇，充满神秘色彩的术数文化，一直是中华传统国学文化的重要组成部分。在我国历史的社会生活中占有很重要的位置，对中华民族的和谐发展有着不可磨灭的贡献，它所包含的内容体系博大精深，大至宇宙天地，小至一草一木，上至治国安邦，下至百姓生活。

　　术数"，亦称"数术"，是中国古人用华夏民族特有的思维方式和符号体系（阴阳，五行，八卦，九宫，天干，地支）来探究自然的一种学术，从广义来说，包括天文、历法、地理、中医、数学等自然科学；从狭义来说，主要是预测吉凶的方法，如卦理、地理、命理、相理等预测学。

　　术数是中国古代哲学的发源地，以易经八卦阴阳五行的生克制化为主要理论，来推测自然、社会、人事的吉凶休咎，属于《周易》研究范畴的一大主流支派，其理深奥莫测，其义博大精深。但中国术数界的现状，却使大家感到神秘而不可知。自古至今，术数研究者络绎不绝，现代科学发达，却还是不能用科学的方法取而代之。甚至，无法用科学的方法对之加以有力的批判，或者合理解释。单纯而武断地将所有的术数同封建迷信、文化糟粕划上等号，却拿不出什么理论依据，似乎总让人有些难以信服。在这我就谈谈对术数的一点认识。

　　人类经过千百万年的发展，现在已经进入了信息时代。计算

中国传统术数总集　第一辑

机莫过于这个时代人类最有力的工具，可是有多少人知道，莱布尼茨是根据中国古老的术数，周易的计算方法，发明了计算机最基本的计算方法"二进制"，但我们现在的术数，居然要引用一个外国科学家的名字，来说明其存在的科学性，实在令人不能不说是一种悲哀，一种无奈！

天人合一，阴阳调和，人与自然的和谐相处，这是中国术数的理论核心，尤其在术数的风水学上可谓发挥得淋漓尽致。风水作为中国独有的，以天人合一阴阳调和为核心的哲学思想产物，是祖先由实践积累起来的经验，所形成的人居环境选择优化的实用方法，而这也正是中国几千年来思想沉淀的精髓，我们要传承的部分。术数应用于人与事，可以趋吉避凶，在某些特定的条件下达到了一种不可思议的准确度。术数是一门实用学，一门经验学，取之于经验，用之于实践，具有独特的作用，在某些方面甚至是不能代替和超越的。从而达到优化自然，改造环境（如风水等），提升自我，完善人生（如相理、命理等），造福家庭，和谐社会，探索和了解现有存在现象的未知领域，甚至还可以开启科学未知之门。

中国术数来源于易经，是易经的延伸与实践，而易经是中华文化的根源，是中国古人的智慧结晶，同样也是中国人民的骄傲。大家都知道易经包含了"简易，变易，不易"三重含义。这个"简易"并不是简单易行的意思，而是指将宇宙间最复杂的变化归纳成最简易的方式进行表达描述。"变易"是告诉大家万物只要生成则没有一成不变的道理，而其变化的规律就是八卦所要揭示的秘密。"不易"是说在这些变化的背后还有个不变的东西，中国传统文化中常称之为"道"。这三重含义揭示了万事万物的变化原理，人类的命运当然也是其中之一，而人们往往只关心自身却忽略了周围的一切。其实，这些都是传统术数文化中的精髓部分，并不是什么玄之又玄的学问，更不是什么迷信，而是五千年中华文化的继承。

我们肯定术数在人类生存发展过程中的积极作用，但也不可对术数的作用无限地夸大，并掺杂个人功利目的。中国传统文化日渐式微，而术数作为一种倍受争议的学术更是沦为边沿学科，作为中华民族的子孙，我们每个人都有责任去了解它，学习它，发扬它。

回首我与中国传统术数文化的缘分，回想我走上术数研究、应用的人生道路，感慨万千。让古老的术数文化福佑天下百姓，福惠千家万户，造福子孙后代的心愿时时在我的心中生荡漾，产生了我人生为之而奋斗的精神力量。传承和发展，任重而道远，路漫漫其修远兮，吾将上下而追寻。感念我数十年生根于心中的这个愿望，也正是这个愿望陪伴着我走过坎坷，走向辉煌。也由于这种愿望，我和我的同仁们在学习、研究中完成了这套书的的点校编写工作。由于世间仓促和本人水平所限，在成书之际，难免会存在一些问题，在此，欢迎各界朋友和业界同仁望能及时反馈联系，以利再版修订完善，在此表示感谢。

愿博大精深的中国术数，能够为你带来吉祥；愿国学经典术数著作，为你打开新的人生之门！

中国传统术数总集 第一辑

# 目　录

## 柳氏家藏茔元秘诀卷下 ·········· 130

中国传统术数总集　第一辑

# 柳氏家藏宅元卷上

## 宅元论

夫宅舍之造，自来有矣，周公使昭公相宅，卜得吉，非有神煞之论，后来卜之而废，择之而兴。大抵宅内四方平正，前平后高，右平左高，四水来朝，地基滋润，房少人多，墙垣周密，天井明亮，最为利也。四方坑凹，道路相冲，房墙箭射，房多人少，前高后低，左低右高，左昂右缺，右昂左缺，地上干燥，当门见井，碾磨碾灶当门，山柱枯树墙头门水并出天井阴暗，八门破秽，门水不合，轻意当造，勿作邪说行，细斟酌可也。

诗曰：

> 或山或路或坑凹，或宅或林两路夹。
> 或水山河来冲射，百步之外不为差。

### 【白话点拨】

我国自古以来修建住宅，就有讲究趋吉避凶的传统，周公让昭公选择宅地，告诫人们选择吉祥之地，就没有灾难、刑祸，就会平安昌盛。反之则有凶祸。到后来这种相宅之法逐步发挥完善，慢慢形成一个准则，也达到预期的目的。现总结为以下这些方面：

　　凡是居住的房宅，四方平平整整的便吉利。

　　凡是居住的房宅，其所处地势若是前平后高或前低后高，主人便会世代屡出英雄豪杰，即我们常说的口诀："前平后高、世出富豪，前低后高、世出英豪"。

　　凡是居住的房宅，其地势是右平左高，即东平西高或东低西高会大吉大利，吉祥富贵。

　　凡是居住的房宅，周围的水势显出对房屋呈朝拜之向的为吉，这里特别提到一点的是：凡是居住的房宅，左边有流水的，这流水叫做青龙；右边有道路的，这条路叫做白虎；前面有池塘的，这池塘叫做朱雀；后面有丘陵的，这丘陵叫做玄武。这四种条件齐备的便是最好的建宅地点，请君切记。

　　凡是居住的房宅，其地基滋润，无乱石丛生，无腐朽树根遍地，这样的地方为吉。千万不要建在草木不生的地方。

　　凡是居住的房宅，需要人宅和谐，住宅小而人多，舍弃眼下的住宅，去营建大屋宽宅，未必有令人惊喜的结果。根据家中人口所需面积建宅，定能吉祥。这也是住宅建造经典中五实五虚中的一实。

　　住宅有五实实会使人富贵。住宅有五虚会使人日益贫穷，人丁减损。五虚是：住宅宽大而人口少，是为一虚；宅门太大内居室小，是为二虚；墙院残缺不完整，是为三虚；水井打得不是地方，火灶安得不是地方，是为四虚；住宅占地多，但真正用起来的房屋面积小，庭院占的面积太大，是为五虚。所谓五实是指：住宅小而人口多，是为一实；住宅大而门小，是为二实；墙院完整，是为三实；住宅小而六畜多，是为四实；住宅外的排水沟朝东南方向开，沟水向东南流，是为五实。

　　凡是居住的房宅，院墙建造完整周密，无小洞、无残缺，是为吉利。

　　凡是居住的房宅，天井明亮，能得到阳光普照，则会紫气东来，瑞气盈门，最为大吉大利。

如果屋住的房宅，四方坑坑洼洼，地势起伏不定，此宅为凶。

如果屋住的房宅，有条大路直冲门的，此宅定主家中没有长寿之人，而且家中会出残疾之人，要么这家会出稀奇古怪之事，这种宅屋外形名叫"暗箭射人"。此宅为凶。

如果屋住的房宅，房屋建造的多、面积很大，而在屋中常住的人口少，这种情况是不吉利的。

如果居住的房屋，地势前高后低，是为凶宅。

如果居住的房屋，左低右高，即地势西低东高，为凶宅。

如果居住的房屋，左昂右缺，即地势虽然较好，但西边宽、东边窄，为凶宅。

如果居住的房屋，右昂左缺，即地势虽好，但是宅形东边宽，西边窄，亦为凶宅。

如果居住的房屋，地上干燥，如无合理之湿度，寸草不生，为凶宅。

如果居住的房屋，在正对大门处就开凿有一口井，是为凶宅。

如果居住的房屋，有石磨、石碾、厨灶正对着自家的大门，为凶宅。

如果居住的房屋，有山柱，有即将死掉的枯树，残破的墙头对着大门，为凶宅。

如果居住的房屋，天井阴暗，少见阳光，为凶宅。

如果居住的房屋，入门处有破败、污秽的东西，门的朝向和院内水的流向不合理，随随便便就把房宅建造起来那是很不吉利的。

以上所述，请不要当作邪说来看待，其中的道理，请君细细思量、用心斟酌才是最为可取的。

有诗写道：或山或路或坑凹，或宅或林两路夹。

　　　　　或水山河来冲射，百步之外不为差。

# 宅地形势

万物之中惟人为贵，上古之民久居窟穴，夏居巢窠与禽兽相处。轩辕帝出创立制度，经土设井以塞争端，相地之宜，修城池，造宫室，分八宅，布爻象，俾民趋吉以避凶也。凡建宅庄，必择吉地，欲其四神全备，五患不侵，后有所倚，前有所凭，左右完固，地势平夷，谓之福厚善地。不宜当路口处众流水处，大城门，忌用龙口山脊冲射、炉冶窑场、军营战场、牢狱刑戮、寺庙祠社、古冢坟茔、台殿阁、古塔浮屠及草木不生之处，散乱返背坑凹偏峻、四边变道皆不吉也。今将宅地形势不足者，述之于后。

## 【白话点拨】

世上的万物之中，惟有人是最聪慧尊贵的。在原始社会初期，人类是靠采集和狩猎来维持生活的，居无常处，随遇而安，没有形成固定的居住方式。其居处或是窟、或是在树上建巢、架空而居的一个重要功能就是避免猛兽毒虫的侵袭。此处，它还可避免地面潮气的熏蒸。所谓穴居，就是在丘陵高地生活的原始人，利用洞穴来作为避风雨防寒暑的蔽身处。

人们必须注重居处与自然环境的关系。除了一定的居住方式以外，每个聚落甚至每个住宅都有座落位置、朝向等要求。中华民族的祖先有炎帝，神农氏和黄帝轩辕氏。到黄帝轩辕氏的时候，开始创立制度，或垒土、或设井划分自己的部落范围，并选择最适宜自己部落居住的宝地。这样在与别的部落征战时才会占有相当大的优势。一个原始部落居住的地方要求有保证生活所必需的自然条件，如地势、土质、水源以及阳光等，同时还必须考虑自然环境中的不利因素。自然条件对人类生活也有正负作用：如果临水而居便于解决生活用水，但又不能不预防水患。这就要求人们作出慎重而周全的选择。如果选择不当，则会给居住者的生活带来严重的甚至是毁灭性的恶果。中国乃至世界历史上不乏因聚落选址不当而被迫迁移的例子。那我们在选择宅地时，怎样才能做到趋吉避凶？

凡是建造住宅，必须选择吉祥的地方，这种吉祥的地方必是四神全备，四神即是指左有边青龙，右边有白虎，前边有朱雀，后边有玄武。这样才会五患不侵，这种吉祥的地方，后边要有高地作依靠，前面应有水域所傍临。这种吉祥的地方还必须左右一样宽阔，地势平坦、这种吉祥的地方才能称得上是福厚善地。长居之，则会万事顺意，大吉大利！

如果所选的宅地在路口外有泉水流过而无情，则为不吉。

如果所选的宅地与大城门口正对，在一条线上，则为不吉。

如果所选选的宅地有龙口山脊冲射，更加为不吉，风水上说有煞气。

如果所选的宅地，古代曾经在此地用炉火冶炼过钢铁，曾经用此地做过窑场，烧制过砖、瓦、瓷器、陶器等，则为不吉，因为此处已变为熟土了，地无生气。

如果所选的宅地，曾经作过古代军营、打仗的场地，曾经作为监狱、牢狱的场所，曾经作为处决死刑犯人的地方，则为不吉。

如果所选的宅地，曾经作过寺庙、道观，或者神前庙后则不吉。

如果所选的宅地，曾经作过古代别人家的坟茔，则为不吉。

如果所选的宅地，曾经建过台殿、古塔、浮屠和草木不生长的地方，则为不吉。

如果所选选的宅地，又散又乱，又偏又背、又坑又洼，四周道路崎岖不平，则为不吉。

具体细节方面，还有很多，现在将宅地形势不足取的情况，在下面文字中作出表述一些。

# 地形之式（宅茔一理）

**金鸡玉兔两不全，名曰自如始初安。**
**平久人多残患疾，细腰宫内岂常欢。**

## 【白话点拨】

金鸡为酉方，正西方。玉兔为卯方，正东方。宅地的正东方和正西方地基不完整，居住在这种房宅里的人，在开始的时候是比较平安好的，但是居住久了会有多人出现残疾和剐的疾病，因为这种宅地形势呈细腰状，居住在这房宅里的人难以得到长久的欢乐。

**子午两宫地不全，居之争讼事凶连。**
**豪门富贵生财地，福禄兴隆旺百年。**

## 【白话点拨】

这种房宅，左长右短，是不完整的外形，住进去会有官司缠身，凶险的事，接连发生。子方指宅地正北方，午方指宅地正南方。

**子午卯酉四正宫，四维指拱入中宫。**
**有人居之大富贵，发福发财喜亨通。**

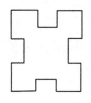

**【白话点拨】**

四正指子午卯酉，四维指乾坤艮巽，这种房宅外形左边短而右边长，有人住上这样的住宅会大富大贵，既发福又能发财，而且喜事不断，运气亨通。

四维不足是残龙，宅舍居之大主凶。
人口伤亡田蚕退，年年争讼取招供。

**【白话点拨】**

这种房宅外形右边中间不足，属于残龙部局，居住在这种宅舍里的人会大凶，宅内人口不是受伤就是早亡，所拥有的田产桑蚕会丧失掉，每年都有官司诉讼而被传去招供。

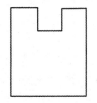

午宫不足主平官，修作坟宅定喜欢。
若是居之年代久，子孙富贵出高官。

**【白话点拨】**

这种房宅外形虽然午宫不足，却可以出中等官员，若是按照这种布局修建坟墓和住宅定会家庭和睦欢乐。若是在这种房宅形状的宅内居住很多年，则宅内出生的子孙会有人做上高官。

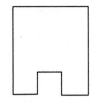

子地不足事可忧，官司口舌几时休。
时术未知其中理，玄武后宫前破头。

**【白话点拨】**

这种房宅由于子地不足，则居住此屋的人，忧愁之事不断，

官司及与人口角难以休止。当时的术士不懂其中的道理，原来是玄武后官前破了头，即后面玄武处不完整。主要指房子坐北朝南方向。

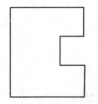

酉地不足虚折要，居之凶祸定难逃。
莫因宅地无全德，人口灾亡即渐消。

【白话点拨】

这种房宅外形酉地（西方）不足，好似虚折腰一般，居此宅地则有凶祸，出现这种情况不要因为宅地本身不好，而是因为宅形，住这种宅形里的人，会有灾祸，并死亡，直到绝后为止。

卯位不足鬼魅昏，青龙开口福来臻。
官居坟舍人兴旺，进喜发财百事兴。

【白话点拨】

这种宅形虽然卯位不足，但是足以令鬼魅迷昏，此宅有青龙开口，必有鸿福来到，居住此屋的人不仅能做官，而且人丁兴旺，喜事不断，既能发财，又会万事如意。

未申不足却安然，坤缺幞头永静闲。
此室居之人口旺，子孙后代出官员。

**【白话点拨】**

此宅外形虽未申方不足，但居者却能得以安然。坤方位虽缺，但是幞头方是属于静闲的。居住此宅的人家能人丁兴旺，子孙后代会当上官员。

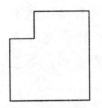

辰巳不足喜非常，居宅富贵大吉祥。
若是安葬定有力，子孙兴旺积钱粮。

**【白话点拨】**

此宅外形虽然辰巳方位不足，但这却是令人欣喜的吉地，居住在这样的吉地定会富贵吉祥。如果居在此吉地的人在选取阴宅方面也能达到这种情况，其子孙不仅兴旺，而且会钱多粮足，富贵有余。

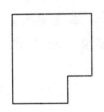

戌亥不足有灾殃，不宜官禄少吉祥。
子孙缺欠不兴旺，虽有兄弟老见伤。

**【白话点拨】**

此宅外形戌亥方位不足，居此宅地的人会有灾殃，不仅不能出官员，而且难有吉祥，子孙稀少又不兴旺，虽然有兄弟到老了也会受伤。

丑寅不足吉庆来，鬼门缺陷福门开。
年年人口多兴盛，富贵声名四海扬。

【白话点拨】

　　此宅丑寅方位虽不足，但居住此宅的人却是吉庆有余，缺陷的地方正好属于鬼门方，而福门方则会大为兴旺。居住此宅的人年年都会人丁兴旺，无疾患之苦，其家人不仅会富贵吉祥，而且还会四海名扬。

宅地若然南北长；年年兴旺进田庄。
子孙茂盛人堪羡，富贵荣华大吉昌。

【白话点拨】

　　此宅形属于南北较长，居住此宅的人会年年兴旺，而田地、庄园会越来越多。居住这种宅形的人还会子息繁茂，后继有人，会被众多的人敬重、羡慕，而且还能享受到荣华富贵，会大吉大利。

东西阔者不相当，南北短促人少亡。
浅薄出入多浅薄，后来吉庆必荣昌。

【白话点拨】

　　这种宅形东西两方比较宽阔，而南北短促，这种宅形，主屋内有人会在年少的时候死去。虽然这种情况会造成家内人口不是很多，但依然会有少量的人传宗接代，到后来会吉庆有余，繁荣昌盛。此宅为先凶后吉。

地形左短右边长，人眷居之大吉祥。
家内资财积富贵，年深犹恐缺儿郎。

**【白话点拨】**

此种阳宅年处的地形左边短，右边长，在这种地方建屋居住定会家势显赫，大贵吉祥，家庭内财产丰盈，富贵吉庆。但是这种宅形居住的年代久远了会出现缺少男丁儿郎的情况。

右短左长不可居，其庄久后子息稀。
钱财不旺人不利，宜早修造添补吉。

**【白话点拨】**

这种宅形右边短而左边长，这样的房宅不能居住，住进去便会生财不旺，人丁不发，而且后代男丁稀少、愚昧。已建有这种宅形的住家应提早重修改造，将右边短的部分补齐，方才大吉。

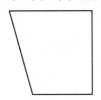

前宽后窄棺材形，居之贫乏不安宁。
人下资畜时常损，悲息伤情苦痛声。

**【白话点拨】**

这种宅形属于前宽后窄，是典型的棺材形状，即宅形与棺材相似。居住在这种房宅里的人会贫穷凄苦，一年四季不得安宁，到头来会有人下世，家畜不旺，与富无缘。家中常有悲凉的哭泣声和备受苦痛煎熬的悲啼呻吟哀叹声。

前狭后宽富贵兴，子息昌庭有前程。
进财发禄田庄旺，地久天长福禄增。

【白话点拨】

此种宅形属前面狭窄，后面宽阔，在这种地形上建造房屋来居住必会大富大贵，子孙繁兴、安稳，前程似锦。在这种房宅居住的人还会财源广进，田庄吉祥兴旺，而且会地久天长般增福禄。

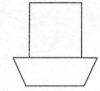

富月星地出仙人，庶民居此不受贫。
子孙代代封官职，光显门庭共六亲。

【白话点拨】

这种宅形属于月星之地，居住此宅能出神仙般的高人、能人，而且居此宅地的人不会受到贫穷折磨，其家人的子孙后代会代代博取功名，封为官员。这种宅地内的后人能封官进爵会光耀门庭，其六亲都能得泽惠。

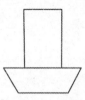

抱环银带水成渠，家门兴旺禄有余。
钱财五谷常积聚，子子孙孙聪慧奇。

【白话点拨】

这种房宅四周有水域，就如银带环抱，并且其水域成渠状，居此毫地之主人必定家门兴旺，财禄有余。金银财宝、五谷粮囤，会聚积家中，主人的子子孙孙会聪明伶俐，有智慧，有奇才。

月地金星两边频，居之富贵出贤人。
人口平安多吉庆，六畜兴旺自成群。

【白话点拨】

这种房宅两旁有象月地金星一样，居住在这种房宅的人定能富贵，并会出现贤士，住在此宅内的人口会四季平安，吉庆有余，家中所养六畜会成群、六畜兴旺。

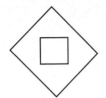

四角有路主大凶，但凡茔舍不可逢。
人口伤残遭病死，投河自缢不曾停。

【白话点拨】

凶宅。这种房宅四角、四面均有道路交通，此宅主大凶，凡是修建阳宅或坟茔时，千万不要选择这样的情形。如选了这样的宅形便注定有祸殃，家中人口会伤残、生疾病而亡。就是不因败损钱财或因灾祸而死，也会经常有人投河自尽，上吊自尽，或掉落井中而亡，灾祸不断。

道四周围似井栏，官司囚罪四肢残。
虽然儿孙一时好，日后零落实堪怜。

【白话点拨】

居住的房宅四周道路如用像井栏一样的东西包围着，则主此宅主人会遭遇官司，沦为囚徒、罪犯，并会出现四肢残疾。虽然此宅内的后人儿孙在某时期会有点好运，但是日后家人会落下孤苦伶仃，家道衰落的下场，这种状况实在令人可怜。

两边有水流，英雄显二龙。
此宅家道盛，官位至三公。

【白话点拨】

居住的宅形屋地两旁有水流经过，这叫做"英雄显二龙"，主大吉，居住此宅的人必定家势显赫，家道昌盛，此宅内的主人或后代能博取功名，出任高级官员，并能官位达到三公之列。

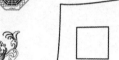

宅舍实可求，西南水东流。
此处安宅舍，三公又封侯。

【白话点拨】

此种宅形实在应该用心选择的，这种宅形外从西南方来的水流向东流去。如果选取这样的地方建造房宅，家中主人或后代不仅会做官到三公之高位，而且还会封侯。

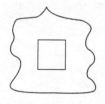

前面有水头，东西两下流。
子孙难兴旺，常守孤贫忧。

【白话点拨】

如果房宅的正前方有一水源之地，然后在宅地前方旬东西两个方面流去，居住在这种宅地的家人，其子孙很难兴旺。其宅内主人会常守孤单、贫穷而且忧愁不断，此为凶宅。

两道白虎殃，百事不成祥。
失火家财破，争讼口舌伤。

## 【白话点拨】

房宅的两旁如有白虎相夹，则此宅内主人必要遭遇祸殃，做什么事情都难以成功不会吉祥。家中会出现火灾，家内财产会损失、破败"况且还有官司缠身，劳费口舌而伤神。

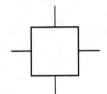

十字路中庄，此地是不良。
家长多生病，男女必遭殃。

## 【白话点拨】

房宅如果建在十字路的中间部分，即是此宅向正东、正西、正南、正北都有道路：这样的宅地是很不吉利的，宅内的家长、主人会常常生病，家中男女老幼还会遭受祸殃。

四面无势八方平，学浅诗人并不通。
葬后不经三两辈，高官富贵旺人丁。

## 【白诸点拨】

这种阴宅宅形四周方正圆满，八方地势平展，学问浅的诗人、读书人对这种宅形并不通晓，在此地形下葬的人的后代，不出两辈或三辈，定能有人做高官，并且大富大贵，家中人丁兴旺。

东西两边门，多出横死人。

震兑相冲照，耗尽家财贫。

**【白话点拨】**

居住的房宅如果在东边和西边都开有门庭，这种情况宅内会有人出现无端横祸而死人。这叫震兑相冲照，居此宅地之人会财产耗尽，家庭贫穷。

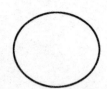

中高似莲花，安庄必大发。

家财多富贵，紫袍金带家。

**【白话点拨】**

房宅地形中间高好似莲花状，在这种地方建造房宅，主人必定大发，家庭财产众多，富贵有余，并且家中会有人做官，并且是身穿紫袍金带的高等级官员。

中凹四下高，修宅莫辞劳。

人口安生旺，家门显英豪。

**【白话点拨】**

在不大的范围之内，中间稍凹，四面地势较高，在这样的地方修建住宅，千万不要怕辛苦。住在此种宅形内的人会平安、兴旺，家庭显赫，还会出英豪之人。

四面俱低心内高，高中一巢出英豪。
四面俱高心内低，低中一乳最为高。

## 【白话点拨】

地势四面都低而中央高大，在高大的地方无论是修建住宅或坟墓，都会人丁兴旺、钱财丰盈，宅中主人或后代会出现英雄豪杰。子孙会当上大官。如果地势是四面都高而中央低，在中央低，这样的地方，如在略高一点的地方建宅，则会大吉。

# 相宅煞口诀攒十字

上古民无栋宇巢居穴处，至轩辕始制度建立宅庄。
分阴阳配五行二十四向，画八卦定九宫十五分房。

## 【白话点拨】

在原始社会时期，那时的人们居住方式不像现在这样，他们要么巢居，要么穴居，从这两种居住方式本身来说，是自然的、低下的。到轩辕黄帝的时代，才开始立宅建庄。《轩辕本纪》中说：黄帝始划野分州，有青鸟子善相地理，帝问之以制经"。那时建造房屋人们已经知道用阴阳配五行，配二十四象，知道利用伏羲八卦，定九宫，并用十五截路分房以趋吉避凶。

东四宅西四宅年月命运，内三爻外三爻生克灾祥。
乾老公坤老母艮兑西向，震长男巽长妇坎离东庄。

中国传统术数总集 第一辑

**【白话点拨】**

修造房宅要分东四宅，西四宅及年、月、命、运，还要分内三爻和外爻之间的生克是灾还是祥。乾为老父，坤为老母，艮兑西四，震长男居东北属土。兑少女，居正西属金。坎中男，居正北属水。

离中女，居正南属火。震长男，居正东属木。巽长女，居东南属木。

生天延伏位吉孤雄建旺，五祸六绝命凶喜怪妖狼。
四吉方仓库门妻宫添畜，四凶位厨灶碓井厕池塘。

**【白话点拨】**

住宅处于生气贪狼木星方位，处在天乙巨门土星方位，处在延年武曲金星方位，处在乾方即伏位，都是大吉，房宅建在这样的方位会兴旺发达。住宅处在五鬼廉贞火星方位，祸害禄存土星方位。六煞文曲水星方位，绝命破军金星方位，都是大凶，建在这样的方位主人会遭受灾殃。建住宅应在四大吉利的方位用来建仓库，妻子的住室，甚至是饲养牲畜的地方。在四大凶位应建厨灶、凿井、碾磨、厕所、池塘等。

宅气旺多发福子孙财盛，宅气衰偏生祸家败人亡。
爻象中有房煞伤害宅气，阴阳书断祸福看在何方。

**【白话点拨】**

建造的住宅如果宅气很旺，主人才会发福，子孙才能财源茂盛。如果宅气衰则主其宅内家人祸殃不断，家败人亡。爻象中。如果有房盖的不是地方，伤害了宅气，那是很危险的，阴阳书籍中论断吉凶祸福，书中会指出宅气旺在何方，衰在何处。

"气"是无形的，地是有形的，在有形的地中如何看无形的气，当然要有一些基本的标志。风水家认为：理寓于气，气寓于形。理是地理之气，这个"理"我们可理解为纹理之理，地之纹理就是山脉、河流等，也就是地形。那么寓理于气，气寓于形，也就是形气合一，而气是形之微，形是气之著，隐微者难知，显著者易见，所以要有外在的基本标志。所以风水家就有所谓"地有吉气，土随而起"的传统说法。

这就是气与风，气与水的关系，也是堪舆术之所以称为风水术的内在涵义。对气、风、水相互关系的认识，则是风水术的理论核心。

> 子丑上有凶房当家阴损，艮寅位伤子孙哭泣悲惶。
> 卯乙上伤长子阴小口舌，辰巽巳损阴小无财遭殃。

## 【白话点拨】

在子丑方位上建房为凶，宅内主人不吉。在艮寅方位上建房，宅内子孙会受到伤害而哭泣悲惶。在卯乙方位上建房会伤及宅内长子等。在辰巽巳方位上建房会损害家中小孩，并且宅内主人会无财产而又遭殃。

> 丙午上损阴小槌胸怨恨，丁未申招官事阴病阳伤。
> 坤庚酉损中子少亡绝败，辛戌亥凶房煞阴损灾殃。

## 【白话点拨】

在丙午方位上建房，会损害家中妇女和小孩，以至于槌胸怨恨。在丁未方位上建房会招至官司，妇女有病，男的有刑伤。在坤庚方位上建房会损害家中男孩，并在年少时就故亡。在辛戌方位上建房会出现凶房损害家中妇女，宅中主人灾殃不断。

四仲方接小房损伤人口，四孟方接小房常有灾殃。

雁尾房损阴人又主寡妇，披麻房滴泪房小口灾伤。

## 【白话点拨】

在四仲方接建小房会损伤宅内人口。在四孟方接小房，会常有灾殃。建造的房宅属于雁尾房会损伤宅内妇女。建造的房宅属于披麻房、滴漏房会损害家中小儿子，会有灾祸有伤。

单厕房暗筹房破财贼盗，瘫痪房焦尾房官司火光。

露骨房露财房疾病破财，孤阳房孤阴房鳏寡灾伤。

## 【白话点拨】

建造的房宅属于单厕房、暗十房，宅内主人会破财，并会遇贼盗。建造的房屋属于瘫痪房、焦尾房，主宅内家人会有官司、火灾。建造的房屋属于露骨房、露财房，主宅内主人会有疾病，会破财。建造的房屋属于孤阴房、孤阳房，主宅内主人会男无媳妇成鳏夫，女无丈夫成寡妇。并有大灾祸殃。

晒尸房露星房破败疾病，虎头房虎尾房灾祸难当。

龟背房凤台房鳏寡瘟嗽，赤脚房枯骨房人财耗散。

## 【白话点拨】

如果建造的房宅，其房形属露尸房、露星房，则主宅内家人会家业破败，疾病不断。如果建造的房宅其房形属于虎头房、虎尾房，则此宅内家人会灾祸不断，难以忍受。如果建造的房宅，其房形属于龟背房、凤台房，则宅内主人会无子嗣，靠过继来延续后代，女的还会守寡，并有瘟疫、咳喘之疾病。如建的房形属于赤脚房、枯骨房，则主宅内主人，人丁不旺，财产损耗散尽。

展翅房双翅房祸败离乡，穿心房肘肋房疾病惊惶。

上字房丁字房非灾横祸，品字房水字房小口殃亡。

## 【白话点拨】

建造的房宅外形像展翅房、双翅房，则主宅内主人有灾祸，干什么都会失败，被迫远走他乡。建造的房屋外形像穿心房、肘肋房，则主宅内家人会疾病缠身、整日惊惶不安。建造的房屋外形像上字房、丁字房，则主宅内主人有大灾难，有飞来横祸。建造的房屋外形像品字房、水字房，则主宅内家人的小孩会夭折死亡。

青龙机白虎枯破财疾病，朱雀重玄武泄贼盗火光。

滕蛇与勾陈狱官灾火盗，抬丧房内尸堂疾病瘟癀。

## 【白话点拨】

房宅建的好，应是四神齐备，才能五患不侵。如果建的房宅、青龙方、白虎方不在吉利方位，那么宅内主人会破财，会疾病缠身。建的房宅，朱雀方、玄武不在吉利方位，那么宅内主人会遇见盗贼，并有火灾之患。建的房宅，滕蛇方、勾陈方不在吉利方位，那么宅内主人会有官司、灾难、失火、遇盗贼。建的房宅，如果像抬丧房、内尸堂，则主此宅内家人会有疾病、瘟疫之患。

西南土鸽子房合养外子，巽淫乱艮哭泣乾上阴阳。

两大房夹小房名为奸孕，两小房夹大房亦名扛丧。

## 【白话点拨】

建造的房宅，在西南方有土鸽子式样的房子，好比家内养了别人的儿子，在房屋的巽方位会出现淫乱，在艮方位会常有人哭泣。建造的住宅两边盖的是大房子，中间却盖小房子，此种情况

中国传统术数总集 第一辑

如同女子怀孕，不吉。两边盖的是小房子，中间盖的是大房子，此种情况名叫"扛丧房"，是非常不吉利的。

> 三合房四合房兴隆吉庆，五患宅五逆宅成败无常。
> 乾艮方建明楼安明福禄，艮巽位开门户怪异不祥。

**【白话点拨】**

如果建造的房屋，其外形像三合房、四合房，则主宅内家人兴隆吉祥。建造房屋属于五患宅、五逆宅，主宅内家人事业失致，毫无长进。在乾、艮方位上建明楼会安宁、会拥有福禄，在艮巽方位上建造房门，会有怪异情况出现，十分不祥。

> 丁安锅壬安灶家眷稍损，乾有楼巽有门家长身亡。
> 重阳房损阴人重阴损伤，房头顶梁柱冲家长灾殃。

**【白话点拨】**

在丁位上安放锅，在壬位上安灶，宅中家眷会稍有损伤。在乾位上建楼，在巽位上建门会导致宅内家长身亡。建造的房宅属于重阳房会损害宅内妇女，建造的房宅属于重阴房，会损害宅内之人。建造的房宅房头顶着梁柱，则此宅中家长会有灾殃。

> 屋山头若开门四兽张口，招官司惹口舌暗算财伤。
> 碓磨碾冲门户财破唇齿，井对门生淫乱是非难防。

**【白话点拨】**

在房宅的屋山头开门好像是四兽张口，宅中主人会招官司，惹口舌祸端，遭暗算，损财伤身。房宅如有碓，即舂米的工具，石磨、石碾正对着大门，宅内人会财破人伤，损及唇齿。如有水井正对着大门，主宅内会发生淫乱之事，会有是非不断，难以防范。

> 仓库向厕屋照瘟殃狱讼，窑灶冲图圄对祸患不祥。
> 谚语云论五音窑烧四绝，常言道按九星庙打八方。

## 【白话点拨】

居住的房宅，仓库向厕屋照，这种情况宅内主人会有瘟疫、灾殃、牢狱之灾、诉讼官司等。烧砖的窑灶直冲图圄，这是不祥的。有谚语说：论五音窑烧四绝。常言说：按九星庙打八方。

> 吉星吉凶星凶生克制化，星克宫宫克星祸败凶殃。
> 东南庙押龙头损伤长子，西北庙坐天门姚母升堂。

## 【白话点拨】

建造的房宅，处在吉星方位还是凶星方位，到时都会显现出来，建在吉星方位上则宅内主人吉，建在凶星方位上则宅内主人会大凶，这种生克制化是有一定规律的。同理，星克宫、宫克星会导致灾祸、失败、遇凶、遭殃。在房宅的东南部建庙叫押头龙，会损伤宅内长子。在房宅西北方建庙宗，这叫坐天门，会对宅内家人的母亲不利。

> 西南庙坐虎头能押恶物，东北庙锁鬼门福禄安康。
> 震龙庙鼠炼金劫财罗煞，兑虎宫猴吃子破败天罡。

## 【白话点拨】

建造的房宅，在西南方建庙宇，这叫做坐虎头，能镇压恶物。在房宅的东北建庙宇，这叫锁鬼门，能保佑室内家人福寿安康。在房宅的西方建庙宇叫鼠炼金，不吉，在房宅的正东方建宫，这叫猴吃子，主宅内家人破败、困苦。是犯了天罡凶煞。

> 前朱雀槌胸煞背坐南海，后玄武安祖师威震北方。
> 华盖方建神庙神安人喜，阳气宫立庙宇神旺人亡。

### 【白话点拨】

在房宅前面有朱雀，这叫槌煞，犹如背坐南海，大吉。在房宅后面有玄武，这叫安祖师，主威震北方。在房宅的华盖方建神庙，主宅内家人神安人喜。在房宅的阳气宫方建庙宇，主神旺而人亡。

> 四旺方若安庙鬼神欺害，气散处建庙坛小口吉祥。
> 路中宅宜建庙迎煞护吉，山来处立神祠截脉生殃。

### 【白话点拨】

在房宅的四个旺方若建神庙，则会神鬼欺害宅内家人，在房宅的气散处建庙坛，则主宅内家人会是小口吉祥。房宅如果被大路正对，这叫路中宅，不吉。宜建路端部位以去答护吉。在山来处建立神祠，会导致周围的住宅因截了地脉而生出无端祸殃。

> 立寺观建庙宇宜合方位，神护佑人福庆太平吉祥。
> 立寺观建庙宇不宜其位，神撩乱人灾祸怪异凶殃。

### 【白话点拨】

建立佛寺、道观、庙宇。应该符合方位，这样有神灵护佑，则周围家宅内的民众会幸福、吉庆、太平、吉祥。如果建立的佛寺、道观、庙宇不符合方位，则居住在周围的人会有怪神撩乱，民众会出现怪异的灾祸，遭受较深的苦难。

居寺前住庙后少亡寡妇，南房高堂房低家主空亡。
庙对门衙冲门瘟灾非祸，坛冲门树指门口舌官方。

## 【白话点拨】

建筑的房宅处在寺的前面，处在庙的后面，都是不详，这样宅内主人会早亡，家中出现寡妇。房宅的南方地势高，堂房的地势低，主宅中家人会死亡，大凶。有庙宇正对房宅大门，有衙门正对房宅大门，主宅内主人会有瘟灾、祸端。有坛正对房宅大门，有大树正对房宅大门，则主宅内家人有口舌官司。

路射门水冲门反月者祸，坑照门粪对门臭秽者殃。
建宅庄安茔域皆避六箭，住宫室安寝塌要趋三阳。

## 【白话点拨】

建造的房宅有道路直射大门，有流水直冲射大门，这样宅内主人会有大祸。有大坑对着门，有粪池正对着门，会显臭秽，主宅内家人会遭殃。建房宅，立田庄，安坟茔应避免六箭来射，在宅内建宫室，安置床位要趋向三阳，才是大吉。

五虚宅五患宅灾殃频祸，五实宅五福宅兴旺荣昌。
横屋多无厢房灾殃凶横，前头狭后尾宽富贵安康。

## 【白话点拨】

建造的房宅属于五虚宅、五患宅，则宅内主人会灾殃连续不断。房宅属于五实宅、五福宅，则宅内主人会兴旺荣昌。建造的房宅如果横屋多，即主房多，而没有厢房，则宅内主人会有灾殃、凶事、横祸。建造的房宅如果前面狭窄，后面宽阔，则宅内主人会富贵安康，这叫"前窄后宽，世代做官"。

中国传统术数总集 第一辑

宅背后若流水金柜无底，大门内开阴沟财耗畜伤。

迎财门生蛇水加官进爵，退财门黄泉水破败残伤。

## 【白话点拨】

如果建造的房宅背后有像金柜一样的流水，且深而无底，房宅大门内开挖阴沟，这种情况都会使宅内家人财产损耗、牲畜伤病。建筑的房宅的大门像是迎财门而周围又有像蛇形一样弯曲的流水，则主宅内家人博取功名后能加官进爵，步步高升。如果建的房宅大门属于退财门，而且宅地周围流有黄泉水，则主宅内家人不仅会事业破败，而且会致残受伤。

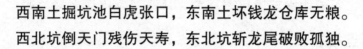

西南土掘坑池白虎张口，东南土坏钱龙仓库无粮。

西北坑倒天门残伤天寿，东北坑斩龙尾破败孤独。

## 【白话点拨】

在房宅的西南方挖土成坑池，这叫白虎张口，不吉。在房宅东南方取土壤会造成仓库无粮。在西北方挖坑叫倒天门，宅内家人会残伤夭亡。在房宅的东北方挖坑，这叫做斩断龙尾，宅内家人会破败穷困，孤独无助。

正东坑断龙腰损人劫盗，正西坑破咸池妇人残伤。

宅后坑玄武头子孙残缺，门前坑雀投江家败浪荡。

## 【白话点拨】

在房宅的正东方挖坑好比斩断龙腰一样不吉祥，这样做宅内家人会遭遇强盗抢劫，宅内主人也会遭受重大损失。在房宅的正西方挖坑叫做破咸池，这样做宅内妇人会出现残伤之患。在房宅的正后方挖坑这叫损害玄武，主宅内家人的子孙会有残疾之苦。

在房宅的正前方挖坑，这叫朱雀投江，主宅内家人家败人伤、浪荡江湖、浪迹天涯。

泽水困雷水解皆为不吉，天水讼风水涣岂是吉祥。
哭字塘愁目患人畜伤损，虎头路多悬颈枉尸横殃。

## 【白话点拨】

泽（兑）、水（坎）一困，此属于困卦，困卦损伤久丁，散财横祸又生，疾病时常皆有，官司贼盗甚凶，不吉。雷（震）、本（坎）一解，此卦会伤女人，也为不吉。天水讼、风水涣这两种卦象也是不祥。如果宅地前有"哭"字一样的池塘，则主此宅内家人会患眼病。人畜还会损伤，大凶。如果宅地周围有虎头一样的道路，则宅内家人会有人上吊自缢，有人会在外遭遇车祸，灾殃不断。

路抱宅发福庆人财兴旺，坟对宅官灾败男女天亡。
先有宅后有坟阴夺阳气，先有坟后有宅人旺吉祥。

## 【白话点拨】

如果宅地旁有道路，此路呈弯弓状，弯弓状的路对宅地好像成拥抱状，这样的宅形地势大吉，居此定地的人会发福吉庆，人财两旺。如果有坟墓正对着宅地，大凶，则宅内之人会有灾殃，男、女会逐步死亡。如果在以前古人的宅地上建坟，这叫阴夺阳气，如果在以前古人的坟地上建居宅，这叫阳夺阴气，会人旺吉祥。

凡坟宅水路冲一切皆忌，若隔河别烟分百步无妨。
论爻象阴阳停家宅安泰，观地形四兽活财旺人强。

## 【白话点拨】

无论是建造的房宅和坟墓，凡是水路直接正对呈冲射状，应

中国传统术数总集 第一辑

当全都避免。若是隔着河流有这样的情况，百步内那是无大碍的。选择房宅还要看爻象阴阳八卦相配相生，这样家庭内才会吉祥安泰。

　　勘察房宅地形，如果青龙、白虎、朱雀、玄武皆好，则宅内主人会人财两旺，日渐强大。

　　　　纯阳房损妻财人畜损伤，纯阴房田夫旺儿女夭亡。
　　　　福德方房高大自然有庆，刑祸位屋低小却也无妨。

## 【白话点拨】

　　建造的房屋属于纯阳房，这样会损害妻子，伤财、伤畜。建造的房屋属于纯阴房，这样虽然会田夫旺，却会有女儿夭亡。房宅盖在福德方位，而且房建的高大，那自然吉庆有余。房宅盖在刑祸方位，而屋予建的低小，那是无妨的。

　　　　四隅首为火星速成易败，十字街看水路接福迎祥。
　　　　凡宅地忌四绝八般凶败，论人家防五逆六件不祥。
　　　　四吉方合宇休家兴人旺，四凶位犯休囚宅败人殃。

## 【白话点拨】

　　房宅的四角属于火星方位的，即使迅速成功兴旺起来，最终也会导致失败。在十字街头看地势，看水路的流向，能接福迎祥。县是房宅重地应避免建在四绝、八凶的方位上。议论别人家所防的五逆，有六件是不祥。房宅的四大吉利方如果用好了，则会全家人丁兴旺。

　　厨房、碓房、石磨、石碾，应建在四大凶方，这叫以凶制凶，会吉祥。房宅的四大凶方如果用错了，则宅内主人会犯体囚，并且会家败人穷，遭受祸殃。

宅后有走马岗子孙兴盛，门前有饮马塘世代豪强。
地滋润草木茂肥满为善，地干燥草木焦破败为殃。

## 【白话点拨】

所住的房宅后面如有像走马岗一样的地势，则主此宅内主人家世昌盛、人丁子孙兴旺。如果房宅门前有饮马塘一样水域相邻，则此家主人的后代会辈辈出富豪，并在当地为名门望族。如果居住的宅地地基滋润，草木能生长得茂盛，则此时为吉宅。如果居住的宅地地基干燥，勉强生长起来的草木，焦枯破败，则居住此宅的主人会遭受灾殃，为凶宅。

龙有蛇虎有蝎左右发现，前有案后有主奴马成行。
前槐枣后杏榆竹林吉庆，东杏凶西桃淫宅忌栽桑。

## 【白话点拨】

如果居住的房宅地势两边有龙脉、有虎丘、有蝎形，则主此宅大吉。如果居住的房宅前面有案山，后面有玄武所倚，则主此宅的主人会大富大贵，有仆人，有骏马成行。如果居住的房宅前面栽有槐树、枣树，后面栽有杏子树、榆树和大片竹林，则主此宅主人富贵吉庆，如果居住的房宅东西栽有杏子树，则主大凶，西面栽有桃树，则主此宅内主人常出淫乱之事。房宅的正前面万不可栽植桑树，房宅的后面不可栽植柳树，这叫"前不栽桑，后不植柳"，此话是留传多年的古训。

周书与通真论穿街拨向，搜宅经通天窍妙诀参祥。
断祸福定吉凶天机至宝，袁天罡李淳风传于曾杨。

## 【白话点拨】

《周书》与《通真论》二书专门讲过，居住的房宅，怎样在临

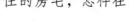

街时，选取最好的立向搜寻《宅经》和《通天窍》二书中这方面的妙诀，参考之以详细知晓其内容。怎样推断、预测、勘验阳宅的吉祥、凶祸的至宝天机，有前世高人留传下来的经典文献可供研读审阅，大师袁天罡、李淳风曾把他的著述传给了曾文遄和杨筠松。

# 郭璞相宅口诀

屋前立栏杆，名曰纸钱山，家必多丧祸，哭泣不曾闲。
门高胜于厅，后代绝人丁。门高过于壁，其家多哭泣。
门扇两傍欺，夫妇不相宜。家门多耗财，真是不为基。

## 【白话点拨】

郭璞（276——324 年）：东晋文学家、风水大师。字景纯，河东闻喜（今属山西）人。博学多才，有出世之道。精于阴阳、历算、五行、卜筮之术，占卜奇验。善堪舆术，著有《葬经》被奉为堪舆之祖。居住的房宅门前立一根杆子，这种情况叫做"纸钱山"，这里说的纸钱不是钱币，而是给死去的人烧的冥币，假钞票。"屋前立栏杆"，这种情况存在，其宅内必出现多起祸事、丧事，家内哭泣声接连不断。如果居住的房宅，大门的地势高于宅内的厅堂地势，则此宅内的人丁会逐渐减少，到后来会绝后。如果房宅的大门，大门的高度比墙壁高，则主此宅家中会不和睦、经常会听到宅内有哭泣声。如果居住的房宅大门两侧的地势高于大门的地基，这叫"门扇两旁欺"，此种情况主宅内夫妇不和睦，各怀心思，同床异梦。这样的情况还会导致家内财产日渐耗尽。以上种种情形，在建宅时要坚决避免。

# 柳洪泉相宅口诀其一

但看一间屋，名为孤单房，二间乃自如，四六也不祥。

三五都顺利，八间不相当，七九堪可用，万古不虚扬。

## 【白话点拨】

如果建造房宅，要看建的房间的数量。如果只建一间房屋，这种情况叫"孤单房"，那是不吉利的。如果只建两间房那一样是不吉利的。如果建四间或六间，那同样是不吉祥的。如果建房，并排建了三间房或并排建了五间房，那是大吉。如果并排建了八间房，那也是不吉。如果并排建的房屋为七间房或九间房，那是可用的，也是非常吉祥的。以上所述，充分说明建造阳宅，其间数是很重要的，凡是并排建成偶数间的如二、四、六、八间等皆不吉祥，这叫"无主房"。凡是并排建成奇数间的，除一间外，其余皆为吉祥，这种建房规则实在是"万古不虚扬"。

# 柳洪泉相宅口诀其二

五间厅，三间堂，建后三年必招殃。

三间厅，五间堂，起造之后也不祥。

## 【白话点拨】

如果建造的房屋，厅造了五间，堂屋造了三间，虽然各自为奇数，但合起来厅常总数为八间，这种房屋盖起来三年后必然会招致灾殃。如果建造的房屋，厅造了三间，堂屋造了五间，虽然各自间数为奇数，但厅堂合起来总薮仍为八间，这种房宅建造之后仍然是十分不吉祥的。

# 柳洪泉相宅口诀三

碾场白虎榨功曹，华盖神堂绝立窑。

金柜库房生旺井，乾坤艮巽旺楼高。

庙坐旺方必主灾，神欺鬼害自然哀。

人丁孳畜财消耗，祸患从天降下来。

庙居水口镇钱龙，关锁八口来路冲。

神喜人安增福寿，太平香火贺年丰。

## 【白话点拨】

在建造宅院时，一般先推出本命，就能确定四个吉方和四个凶方。宅院的大门一定安在吉方，即伏位、生气、延年、天乙诸方。切总安在绝命、祸害、五鬼、六煞方。因为大门是一家的门户，吐纳进出全在此处，十分重要。像碾场、碾磨、立窑等设施，要安在凶方，这叫"压凶气。金柜库房、井，都要位于吉方，乾、坤、艮、巽此四大方为可起高楼，因为这四大方位属于旺方。如果将庙盖在旺方，那是必主有交殃亭会神欺鬼害，自然会衰败。人丁不会兴旺；六畜也不会兴旺，钱财，消耗尽，祸患从天而降。如盖庙，应该盖在水口处，以镇钱龙，庙盖在水口处，关锁八口来路冲，也能化凶为吉。这样会神仙欢喜，众人平安，又增福增寿。每年烧的香火也是太平香火，以贺人寿年丰。

# 古人相宅口诀

　　凡宅地，前低后高，世出英豪。前高后低，长幼昏迷。

　　左下右昂，男子荣昌。阳宅则吉，阴宅不强。

　　右下左高，阴宅丰豪。阳宅非吉，丰必奔逃。

　　两新夹故，死绝不住。两故夹新，光显宗亲。

　　新故俱住，陈粟朽贯。有东无西，家无老妻。

　　有西无东，家无老翁。坏宅塌房，终不断哭。

　　宅林弥新，人旺于春。眷屋半柱，人散无主。

　　间架成只，潜资衣食。接栋造屋，三年一哭。

## 【白话点拨】

　　凡是选择的房宅地势，前面低，后面高的主居住此宅的家人世世代代会出英雄豪杰。凡是选择的房宅地势前面高后面低的，主宅内大人和幼儿会昏庸无为。屋宅地势左边低，右边高则主宅内男子荣昌，大吉。房宅地势左边高，右边低，宅内多出现孤寡之人，即男单过属孤，女单过属寡。阳宅如果建的不吉利，宅内主人必奔走他乡，漂泊在外，以谋生路。宅地两边的人家都盖上了新的房子，自己的宅地上住的还是原来的旧房子，这叫做"两新夹故"。主宅内之人会多有死伤，直到死绝不住，大凶。宅地两边的人家都是原来的旧房子，自己的宅地住的却是新盖的房子，这叫"两故夹新"。居住在新房子内的人，会大吉大利，光宗耀祖。建的新房，有主房有厢房，如果盖的新房，有主房，有东厢房，而没有西厢房，主宅内男主人，到年老了会丧偶。如果新盖的房子，有主房，有西厢房，却没有东厢房，主宅内女主人，到老了会孤独，家内没有老翁。如果居住盼宅地土壤不夯实，造成房子塌陷、裂缝，主宅内之人，会接连不断有哭声。盖房子用的材料都是新的，则宅内之人会人丁兴旺多年。盖的房子，柱子用两个半截的对接起来，这叫半柱，居住这样的房子内，会家无主人，人都漂散。新盖的房屋间架都是双数，不吉。主宅内之人贫穷，靠典当过日子。如果盖房子不是一次全部完工，而是"接栋造屋"，这样的房子即使建成了，宅内也会三年死一次人，大凶。

# 新增阳宅入门断

凡至人家，先看其屋宇大小，气色盛衰，家道之兴旺，人丁之否泰，一动一静，务要细加详察，自然决断如见，亦在临时应变，不可执一而论。

凡至人家，闻机声，及书声，乃兴隆之象。闻喧闹，及鸡鸣，犬吠，槛动，及不吉之象，主有讼事牵连及灾悔破财等咎，即断其一年或半年，总觊其气色，便知远近，参断必应矣。

凡断新屋装旧门，旧屋装新门，皆主惊忧口角啾唧之类。

凡至人家，如屋宇低，天井小狭，主艰子嗣，多生女，并人灾财薄。如见蛛网生屋角，主家有缧绁之人，及田上诘讼之事也。

凡厅堂高大，堂屋低小，鹊噪争鸣檐畔，主出寡居及家财有更，事业颠凡至人家，有冷气黑气冲人者，主孤寡败家，有疾病之人。有黄气紫气旺相者，主得横财及发贵。门前井旁有桑树主出寡。屋斜屋边有独树，主鳏居，刑长子。如入人室见犬打雄，主出好淫不法之人，及醉子疾颠之辈。如见红衣人，主有祝融之惊。初入门撞见必应，后见不准。屋旁构小阁，主过房并接脚。凡有正屋，几进中开，构一横楼，大凶，主有寡妇二三人，一纪十六年间见遭疾、火烛、贫贱、孤独、伶仃之咎。

正屋拆去，止留厢房偏室，作有事荒耕，家无主张，谋为少遂。凡堂柱冲厅，皆主路死，家财退败。

门前有大碓，主胎落，更兼目疾，年年有火煞加临，更惹灾祸，与碓并者，应也，偏者少准。

偶至一家，断其零正，有产惊之恙，母在子亡之故，其家人惊，并断其东南方讼事相争。

昔有一士亦精此法，至一家，断其去年有小儿落水亡者，询之，果然，盖因他家门首中心有一人池塘故也。

又断一家必出忤逆之子，弟兄不睦，姑嫂相争，问之，果有，盖因他家墙门前种一孤树，生双枝冲天，树根透露，以此决之。

墙门有大树空心，主妇人生劳疾，叫皇天万般，服药无效，除去此树，其病自愈。当门甚准，偏着次之。

初入门，忽听金鼓之声，声中隐藏杀伐之象，必主家中手足不和，日常吵闹，丁口啾唧。

初入门，闻管弦之声，如伏凄凉之状，为乐极生悲，将来必见哭泣，耗财离别之应。

初进门时，似乎寒气侵人，及观室中空大，四顾萧然，天井狭小，其室必有鬼怪，夜间常有响动，更兼财来财去，不能积聚。

初入门时，旺气腾腾，人声嘈杂，其声中暗伏欢悦之象，主人强、财旺、进益绵延。

如见鸡斗犬吠，将来必有欢喜，破财添丁，进人之象。

初进人家，如屋舍紧密，高大居中，明亮太阳照耀，光彩夺目，且闻书声朗朗，及见清贵之物，主发贵，必有科甲之人。

初入人室，如主人相迎，必先观其面上气色，宅中景况，门前物类，然后细细参断，百无一失，务在神而明之，易于通晓。

如入人家，有枯木入墙，固主手足伤残，有瘟疫，少亡之应。活树入墙，主官灾诘讼疾病骏杂之患。

初至人家，偶见喜鹊噪檐前，或墙上，主有人在外求名利，应有远信至也。如有鸦叫，隐有哀鸣之象，主家有忧愁久病之人，且防是非之缠。

墙门前有庙、树当面，断其家中曾有回禄，瘟疫之患。竹树倒垂水边，主有落水之人。

人家正厅面前如有井，主妇人淫乱，经云，穿井对门前，虽富与人眠。

厅内房前有井，主少亡。后堂穿井，主淫乱。屋大人少，灾悔不小。蝴蝶上梁，孝服相侵之象。

初至人家门首，忽见乘马人过者，断其家必有习武之人，再将来去之方审之，灵验。

人家屋后植松竹，主财人两旺。秀茂当道，如残落焦黄，主富尽穷来。

门前植树，祯祥之兆，主出清贵德行之人。再观树色，衰茂根本，大小细加详断，自必有奇验也。

初到人家，见门前有破屋或厕室，主其家长辈，有悔常生啾唧。

偶断一家，必有少年枉死之人，询之，果然，盖因他家门首有二井故耳。

一日偶至乡间，见一大树，下有一人家，其屋甚小，即断曰，若住此屋，将来忌养六畜，非但无利，且有损折，数年必然损过一牛，询之，果验。

偶至一家，断其家有目疾眼花之人，且有连年官事之相缠，财物积聚之不能，其家惊服，问其故，师曰，前门对佛塔，以致如此，宜迁居可免。

如至人家，见有雌鸡上门槛，即断其阴旺阳衰，女人当权，且有二婚之妇。偶至一家，及抵岸断曰，君家必出痴颠之人，其家惊服，试问其故，师曰，尊府门前有十字水故耳。适有一大族延师至家，及至门前，举目内外一看，师曰，此乃大贵之宅，必出公侯之位，试问其故，师曰，尊府门前路分五曲，故有此贵，横直皆同。正门之前构船，主官事退财，造后二十馀年见之。

初至人家，有灰尘落面，主家内有怪，或有蛇精之应。水泥落面，此主出赌博之人，卖尽田园之子。

初进门，闻哀泣之声，有灾厄刑耗之事，及口舌损财。

初进门，见鸡啼，此主家有客人，并得横财，欢悦之事。如见鸡上檐者，主有旧事复萌，火烛，口角之事，耗财之患。

见屋脊中正屋，此主少亡，讼败逃逸之事。

凡人家，卧房之内，不宜堆石，房中涨塞，主难产育。门上遥根太长，亦有殃。偶至一家，即断其疮癣缠绵之灾，其家大服，问师何故，师曰，梁上燕窝，并门柱破烂，粪窖当门之故，至乱石天井中，亦准此断。

又至一家，断其家中人有犯心痛之病，其家果有之，亟问其故，师曰，大石当门之故耳，去之，即愈，空心大树亦有此疾。

初至人家，门首宜定神细看，形势动静，一目了然，吉凶之机洞悉。

昔有一师，亦明此法，偶过一家，见其门首，东有一井，西有一荡，即断曰，尊府曾出哑子否，对曰，未有，师又曰，癫狂之人必有，询之，果然。

大凡人家门首，宜植槐树，屋后种松竹吉泰，定许人财旺相，进益源源，前有青龙路来入门吉，右不利，前如有七字路大利，主每岁添财，丁安泰，事业兴隆，诸凡平稳。

# 大游年歌

乾六天五祸绝延生，坎五天生延绝祸六。

艮六绝祸生延天五，震延生祸绝五天六。

巽天五六祸生绝延，离六五绝延祸生天。

坤天延绝生祸五六，兑生祸延绝六五天。

## 【白话点拨】

大游年歌，又叫大游年起手，又名八门（即八卦）套九星。大游年系按乾、坎、艮、震、巽、离、坤、兑后天八卦方位成歌，每一字管一个方向。

大游年歌第一句内容意思：

乾（卦）、六（六煞）、天（天乙）、五（五鬼）、祸（祸害）、绝（绝命）、延（延年）、生（生气），"乾"代表方位，即本宅坐向。乾后七个字代表游星名字，表示吉凶。

大游年歌第二句内容意思：

坎（卦）、五（五鬼）、天（天乙）、生（生气）、延（延年）、绝（绝命）、祸（祸害）、六（六煞），"坎"代表方位，即本宅坐向。坎后七个字代表游星名字，表示吉凶。

大游年歌第三句内容意思：

艮（卦）、六（六煞）、绝（绝命）、祸（祸害）、生（生气）、延（延年）、天（天乙）、五（五魁）。"艮"代表方位，即本宅坐向。艮后七个字代表游星名字，表示吉凶。

大游年歌第四句内容意思：

震（卦）、延（延年）、生（生气）、祸（祸害）、绝（绝命）、五（五鬼）、天（天乙）、六（六煞）。"震"代表方位，即本宅坐向。震后七个字代表游星名字，表示吉凶。

大游年歌第五句内容意思：

巽（卦）、天（天乙）、五（五鬼）、六（六煞）、祸（祸害）、生（生气）、绝（绝命）、延（延年）。"巽"代表方位，即本宅坐向。巽后七个字代表游星名字，表示吉凶。

大游年歌第六句内容意思：

离（卦）、六（六煞）、五（五鬼）、绝（绝命）、延（延年）、祸（祸害）、生（生气）、炙（天乙）。"离"代表方位，即本宅坐向。离后七个字代表游星名字，表示吉凶。

大游年歌第七句内容意思：

坤（卦）、天（天乙）、延（延年）、绝（绝命）、生（生气）、祸（祸害）、五（五鬼）、六（六煞）。"坤"代表方位，即本宅坐向。坤后七个字代表游星名字，表示吉凶。

大游年歌第八句内容意思：

兑（卦）、生（生气）、祸（祸害）、延（延年）、绝（绝命）、六（六煞）、五（五鬼）、天（天乙）。"兑"代表方向，即本宅坐向。兑后七个字代表游星名字，表示吉凶。

# 九星论

生气贪狼木，祸害禄存土，六煞文曲水，天乙巨门土。
延年武曲金，五鬼廉贞火，绝命破军金，辅弼二门星。

## 【白话点拨】

九星在术数上的用处极广泛，尤其在奇门遁甲和风水上，我

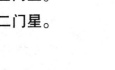

们常说的九星即是：

生气贪狼木星，一白，吉星。

祸害禄存土星，三碧，凶星。

六煞文曲水星，四绿，凶星。

天乙巨门土星，二黑，吉星。

延年武曲金星，六白，吉星。

五鬼廉贞火星，五黄，凶星。

绝命破军金星，七赤，凶星。

左辅木星，八白，遇凶为凶，遇吉为吉。

右弼木星，九紫，遇凶为凶，遇吉为吉。

# 八卦歌

乾是伏位，六是六煞，天是天乙，五是五鬼。

祸是祸害，绝是绝命，延是延年，生是贪狼。

## 【白话点拨】

乾为伏位，即辅、弼二木星，这两种星吉凶不定，主吉彼亦吉，主凶彼亦凶，因此叫辅弼。

六为六煞文曲水星，凶。一水。

天为天乙巨门土星，吉。一土。

五为五鬼廉贞火星，凶。一火。

祸为祸害禄存土星，凶。二土。

绝为绝命破军金星，凶。二金。

延为延年武曲金星，吉。一金。

生为生气贪狼木星，吉。一木。

本节可对照《大游年歌》第一句，竖看本节每行的第一个字，正好组成："乾六天五祸绝延生"，这正是大游年歌诀的第一句。

# 巧番八卦

巨门生武曲，武曲生文曲，文曲生贪狼，贪狼生廉贞，廉贞生禄存，禄存生破军，破军生文蓝，文曲生贪狼。如此周而复始，生生无穷。

巨门不生破军，廉贞不生巨门，文曲不生辅弼，辅弼二星不生，因此言九星而曰七星。

## 【白话点拨】

巨门土星生武曲金星（即为土生金），武曲金星生文曲水星（即为金生水），文曲水星生贪狼木星（即为水生木），贪狼木星生廉贞火星（即为木生火），廉贞火星生禄存土星（即为火生土），禄存土星生破军金星（即为土生金），破军金星生文曲水星（即为金生水），文曲水星生贪狼木星（即为水生木）。如此这般周而复始，五行金木水火土循环相生，生生无穷尽，构成宇宙的大生命。

巨门不生破军，廉贞不生巨门，文曲不生辅弼，辅弼二星不生，因此，不言九星，而是说七星。

# 玄空装卦诀

带去二爻呼，人宅为三象，气口返为初。

门是主，房是宾，宾主相合，星宫相顺，诸事亨通。

## 【白话点拨】

玄空抽爻换象装卦口诀，比较高深的层次。带去二爻呼：这是指搬移来讲的。如：从乾方移到巽，则先得一阳爻，后得一阴爻。从坤方移到艮，则先得一阴爻，后得一、阳爻。其他情形都仿此例。

入宅为三相：既已移入宅内，所修的第一口房便是三爻。

气口返为初：所谓"气口"。也就是门。门为初爻，永不变更。

# 九星歌诀

### 贪狼星

贪狼家道隆，五子更英雄。
文艺多端正，精专百事通。

## 【白话点拨】

贪狼星：主家道昌隆发达，家有五个儿子，多是英雄豪杰。家内子女中多才多艺，而且不仅能精通一门，而且还是上识天文，下识地理的通才、全才。

又有歌诀：

贪狼清高富贵，身荣广置田庄；
妻贤子孝有余粮，子孙聪羽俊爽；
儿孙及弟状元郎，辈辈为官出相。

【白话点拨】

贪狼星：主清高富贵，身份荣显，大量购置田地庄园：妻贤淑、儿孝顺，家有余粮，子孙聪明英俊又豪爽。儿孙及第中状元郎，代代做官出宰相。

## 巨门星

一土巨门星，人财家道兴；
功名三教显，医卜性聪明。

【白话点拨】

巨门星：主人财两旺，家业兴盛，家中有人能博取功名，也能会出医师、卜师等。

又诀：

巨门美貌端正，妻贤敦厚文章；
田蚕万倍有余粮，文官良工巧匠；
也出高僧高道，牛羊骡马成行；
堪称金榜题名扬，直至为官拜相。

【白话点拨】

巨门星：主美貌端正，妻子贤淑温柔敦厚，善写文章；田蚕万倍有余粮，家出文官、良工及巧匠；也出高僧或高级道士，牛羊骡马排成行；正好金榜中选美名扬，直至做官做到入阁拜相。

## 禄存星

> 土宿禄存星，人残子不兴。
> 零丁多带破，绝小二房荣。

### 【白话点拨】

禄存星：主人会有残疾，家中小孩不兴旺，孤苦零丁，破落衰败，殃及妻妾。

又诀：

> 禄存喑哑疯疾，头秃眼瞎残疾；
> 人丁离散走东西，家中钱财不聚；
> 遭刑自缢离祖，肿疾腰腿难医；
> 舍居守寡受孤危，小房渐渐逃离。

### 【白话点拨】

禄存星：主喑哑疯痴，头秃眼瞎有残疾；人丁离散走东西，家产钱财难积聚；遭刑上吊离祖去，腰腿肿病又难医；舍居守寡炮受孤凄与艰危，小房渐渐逃去。

## 文曲星

> 文曲涧下水，颠狂不足言；
> 军徙兼忤逆，弃祖败庄田。

### 【白话点拨】

文曲星：主家内出现颠狂之人，从军到荒芜之地，又有不孝之子孙，家中田产败光，离祖远去。

又诀：

> 文曲逃移疾疾，事乱落水交杂；
>
> 田蚕败散绝根芽，不免妻儿守寡；
>
> 遭刑自缢离祖，钱财一似风砂；
>
> 生灾小口不荣华，累年渐渐消乏。

## 【白话点拨】

文曲星：主逃亡流移与疾病，事端祸乱水遭淹，各种灾殃交杂来田蚕败散根芽断，妻儿不免成孤又守寡；遭刑自缢离祖庙，钱财好似风沙散；生灾小口不荣华，年岁一长就渐渐衰落贫乏。

## 廉贞星

> 廉贞独火星，二子败家门；
>
> 燥暴拖凶恶，拖枪作建军。

## 【白话点拨】

廉贞星：主家中有两个儿子胡作乱为，暴戾暴燥作恶多端，使家门破败，而且家中还会有人作建军，调往远方。

又诀：

> 廉贞出贼颠疯，长房在外作凶；
>
> 投军不止更迁民，妇女离乡外聘；
>
> 吐血瘟疫疾病，田宅破散无踪；
>
> 赌钱吃酒不顾身，累年渐渐逃奔。

【白话点拨】

廉贞星：主出贼又疯颠，长房在外作凶作恶；家人不断当兵又流动不定，家中女孩离乡远嫁他乡；吐血瘟疫多疾病，田宅破败无影踪；赌钱酗涵不顾身，多年后必定渐渐逃亡远奔。

## 武曲星

一金武曲星，豪杰出仁门；
武雄人慈孝，精专百物能。

【白话点拨】

武曲星：主家中出现英雄、豪杰之士，威武雄壮并有仁心，有善心，有孝心，家中会出专才、通才之士。

又诀：

武曲子孙大旺，辈辈文章聪明；
妻贤子孝敬双亲，男女个个端正；
小房荣华到老，为官渐渐高升。

【白话点拨】

武曲星：主子孙大旺，代代子孙文章高妙人聪明；妻贤子孝敬父母，男女个个品行端正；小房荣华亦到老，做官职位渐升高。

## 破军星

破军不可当，黄肿病残伤；
有子难延寿，女劳命不长。

## 【白话点拨】

　　破军星：主凶灾不断，有黄肿等疾病而致人又残又伤；家中有儿子难以长寿，家中女妇劳劳碌碌，也会短命。

　　又诀：

> 破军少亡苦死，田宅却与别人；
> 长房小房受饥贫，疥癞疔疮残鬓：
> 荦寇盗贼不止，更迁别处为民；
> 义儿女婿拜坟茔，奔井投河缢刃。

## 【白话点拨】

　　破军星：主少年夭折受苦死，自家田宅，返送给他人；长房小房都要受饥贫，疥癞疔疮又残疾；兵匪盗贼侵扰无休止，迁徙他乡作移民；只剩下义子，女婿拜坟茔，人多跳井、投河、上吊、又自刎。

## 左辅右弼星

> 辅弼二木星，逐势达时荣。
> 见吉多逢吉，逢凶必遇凶。

## 【白话点拨】

　　左辅星、右弼星：主荣，败不定，逢吉为吉，逢凶！耸凶：

　　又诀：

辅弼二星作乱，阴人寡妇当家。

更兼盗贼定生涯，师婆端公邪法：

田宅祖业不守，父南子北离家；

外郡迁居乱如麻，祸福阴阳造化。

## 【白话点拨】

左辅星、右弼星：主有人作乱，女人寡妇把家当；更兼做贼做盗当作生涯，又出师婆、巫公弄邪法；田宅祖业守不住，父子各散南北远离家门；迁居外地一家零散乱如麻，这便是祸福阴阳造化。此是专讲二星恶的一面。

# 命元建宅（迁移亦用）

甲乙青龙吉。丙丁明喜吉。

戊己仓库吉。庚辛白虎凶。

壬癸盗贼凶。

假如辰生人，金鸡万年不离酉。如丁壬年以五虎元遁，从寅上起壬，至辰上遇己，为仓库神，余皆仿此。

## 【白话点拨】

甲年、乙年为"青龙"，吉。丙年、丁年为"明喜"，吉。戊年、己年为"仓库"，吉。庚年、辛年为"白虎"，凶。主哭立丧事。壬年、癸年为"盗贼"，凶。主招惹盗贼及伤损六畜。

命元建亥，青龙、明喜、仓库、白虎、盗贼，有的书上称为五神。假如辰年生人，则其五神在金鸡年，即酉年，遁得甲、乙年，这是"青龙"神，为吉。丁年、壬年五虎元遁，日上起壬至辰遇己，己年为"仓库"神。因而宜修造，主粟麦等粮食堆满库房。

# 五虎元遁

甲己之年丙作首，乙庚之岁戊为头。
丙辛之年庚寅上，丁壬之位顺行流。
戊癸年从何方起，甲寅之上好追求。

## 【白话点拨】

五虎元遁，因为中国农历将岁首建于寅辰，立春在寅，寅为虎，故称"五虎遁诀"或"五虎元遁"。任何一年的开始，地支一定是"寅"。每年正月建寅，二月建卯，三月建辰，四月建巳，五月建午，六月建未，七月建申，八月建酉，九月建戌，十月建亥，十一月建子，十二月建丑。甲、己之年，正月是丙寅月。乙、庚之年，正月是戊寅月。丙、辛之年正月是庚寅月。丁、壬之年，正月是壬寅月。戊、癸之年，正月是甲寅月。

### 五虎遁年起月表（年上起月表）

| 月/年 | 寅 | 卯 | 辰 | 巳 | 午 | 未 | 申 | 酉 | 戌 | 亥 | 子 | 丑 |
|---|---|---|---|---|---|---|---|---|---|---|---|---|
| 甲、己 | 丙寅 | 丁卯 | 戊辰 | 己巳 | 庚午 | 辛未 | 壬申 | 癸酉 | 甲戌 | 乙亥 | 丙子 | 丁丑 |
| 乙、庚 | 戊寅 | 己卯 | 庚辰 | 辛巳 | 壬午 | 癸未 | 甲申 | 乙酉 | 丙戌 | 丁亥 | 戊子 | 己丑 |
| 丙、辛 | 庚寅 | 辛卯 | 壬辰 | 癸巳 | 甲午 | 乙未 | 丙申 | 丁酉 | 戊戌 | 己亥 | 庚子 | 辛丑 |
| 丁、壬 | 壬寅 | 癸卯 | 甲辰 | 乙巳 | 丙午 | 丁未 | 戊申 | 己酉 | 庚戌 | 辛亥 | 壬子 | 癸丑 |

中国传统术数总集 第一辑

# 子起时法

甲己还加甲，乙庚丙作初。

丙辛生戊子，丁壬庚子居。

戊癸何方发，壬子不须移。

## 【白话点拨】

此首歌诀一定要牢记。有的书上将此歌诀写为：

甲己还甲子，乙庚丙作初。

丙辛生戊子，丁壬庚子头。

戊癸起壬子，周而复始求。

子起时法，也叫"日上起时法"。日上起时法又叫"时干支推算法"，时辰地支固定不变，23 时至时为子，1 时至 3 时为丑，9 时至 2 时为戌，21 时至 23 时为亥。

这里讲的是推算天干的方法。详见下表：

| 时辰 | 子时 | 丑时 | 寅时 | 卯时 | 辰时 | 巳时 | 午时 | 未时 | 申时 | 酉时 | 戌时 | 亥时 |
|---|---|---|---|---|---|---|---|---|---|---|---|---|
| 对应钟点 | 23－1 | 1－3 | 3－5 | 5－7 | 7－9 | 9－11 | 11－13 | 13－15 | 15－17 | 17－19 | 19－21 | 21－23 |
| 甲己日 | 甲寅 | 乙卯 | 丙辰 | 丁巳 | 戊午 | 己未 | 庚申 | 辛酉 | 壬戌 | 癸亥 | 甲子 | 乙丑 |
| 乙庚日 | 丙寅 | 丁卯 | 庚辰 | 辛巳 | 庚午 | 辛未 | 壬申 | 癸酉 | 甲戌 | 乙亥 | 丙子 | 丁丑 |

| 丙辛日 | 戊寅 | 己卯 | 庚辰 | 辛巳 | 壬午 | 癸未 | 甲申 | 乙酉 | 丙戌 | 丁亥 | 戊子 | 己丑 |
|---|---|---|---|---|---|---|---|---|---|---|---|---|
| 丁壬日 | 庚寅 | 辛卯 | 壬辰 | 癸巳 | 甲午 | 乙未 | 丙申 | 丁酉 | 戊戌 | 己亥 | 庚子 | 辛丑 |
| 戊癸日 | 壬寅 | 癸卯 | 甲辰 | 乙巳 | 丙午 | 丁未 | 戊申 | 己酉 | 庚戌 | 辛亥 | 壬子 | 癸丑 |

# 游年变宅

一十兑上起，二十坎中行。

三十居震位，四十离上生。

五十还兑位，零年一顺行。

其法：男女俱于兑上起一十，男顺行坎上二十，一年一宫。女逆行离上二十，一年一宫。已至本生年几岁定生宫合配某卦是也。迁移修造俱用此法。

## 【白话点拨】

其数法是：男女都从兑宫上一十年起数，男顺（顺时针方向）数到坎上是二十，震上三十，离宫四十，整十以外的零头数则是一年一宫（八宫全算）。女人逆时针方向数，至离宫是二十，震宫上三十，坎上四十，零头年数也是一年一宫。数到本人岁数上停住，再以游年法从本人生年命数所配定生宫推数至本人岁数所在宫位，看这宫位上属游年中哪一星，就知道吉凶了。迁移、修造都可用此方法。

中国传统术数总集 第一辑

# 起九宫八卦所生

坎一、坤二、震三、巽四、中五、乾六、兑七、艮八、离九，男五寄二宫，作坤卦；女五寄八宫，作艮卦，从寅一宫至戌九宫。

假如壬辰星上二十年生男命，至于星上四十五年丁巳，男离二宫行年二。六岁，就在二宫坤上起一十三宫，二十零年顺行九宫上甲子二十六也：往前一宫虚数三位三宫，却是震宅生人添一岁；往后退一宫，如前起：百无一失。

## 【白话点拨】

坎为一白，坤为二黑，震为三碧，巽为四绿，中为五黄，乾为六白，兑为七赤，艮为八白，离为九紫是以《洛书》九宫为序，又叫后天八卦方位，先天为体，后天为用，在实际中应用后天八卦。命相家规定：凡男子逢中宫五寄二，即属坤命，作坤卦。女子逢中宫五寄八，即属艮命，作艮卦。从寅一宫至戌九宫。

有首歌诀需要牢记：

> 一四七宫男起布，二五八宫女顺推。
> 男五寄二女寄八，甲子周轮本命寻。
> 上元甲子一宫连，中元起巽下克开。
> 上五中二下八女，男顺女逆起根源。

以上叫《捷诀》，即第一轮天干为甲子，下一轮天干为甲戌，依次为甲申、甲午、甲辰、甲寅，再起甲子。这样就不必一对一干支地记了。三元中男子逆数的起点分别为一（坎）、四（巽）、七

（兑）；女子顺数的超点为五（中）、二（坤）、八（艮）。所以说"一四七宫男起布，五二八宫女顺推"。假如壬辰星上二十年生男命，直至星上四十五年丁巳，男离二宫行年二十六岁，就在二宫坤上起十三宫，二十年顺行九宫，正好是二十六岁。往前一宫虚数三位三宫，却是震宅生人增添一岁；往后退一富，则如前起。此例类推下去，百无一失。

# 修盖神煞

太岁以下，有百位凶神，各有所司。如营造房屋，曾有旧墓不堪住者。欲要添盖修理，只看太岁三煞，余者神煞不必尽看。若在旷野之处，创立烟火，须看神煞方位，假令三煞在正东方，太岁东南方，不宜盖堂、东西二房。先从正南吉方起，首盖到西房，接连北房，转到东房，周围盖完，此方吉多凶少，亦无大咎。或遇水火崩塌，偷梁损柱更门改水，年年通利。如独盖造最忌太岁三煞。余者仿此。

## 【白话点拨】

太岁：传说中神煞名。太岁之神在地，岁星（木星）在天相应而行，掘土、建宅、建工程要躲避太岁的方位，否则就要遭受祸害。在太岁神煞以下，有很多凶神，它们各有所管。如营建修造房屋，选的宅地原来有旧墓存在，千万不能建宅居住。要盖新的房屋或修理房屋，只看太岁三煞，别的神煞不必看。如果在旷野之外的地方，盖房起灶，要看神煞方位如何，假如三煞在正东方，太岁在东南方，不适宜盖堂屋和东西二厢房。应先从正南吉方起，先盖到西房，再连接北房，再转盖东房，这样像圆周一样依次盖完成院，则这个宅院会吉多凶少，也没什么大的错误。假如遇到水、火、崩、塌，又折梁损柱，要改大门方位朝向，要改院内水往外流的方向，这样才会年年运通利达。如果单独盖房即只盖一间，最忌讳太岁、三煞，余者仿此类推。煞

# 劫灾岁三煞

申子辰年，煞在南方，西房大利，东房次吉。
寅午戌年，煞在北方，东房大利，西房次吉。
巳酉丑年，煞在东方，南房大利，北房次吉。
辛卯未年，煞在西方，北房大利，南房次吉。

## 【白话点拨】

逢申子辰年，劫灾岁煞在南方，西方房屋大吉大利，东方房屋次吉。逢寅午戌年，劫灾岁煞在北方，东方房屋大吉大利，西方房屋次吉。逢巳酉丑年，劫灾岁煞在东方，南方房屋大吉大利，北方房屋次吉。逢辛卯未年，劫灾岁煞在西方，北方房屋大吉大利，南方房屋次吉。

# 千斤煞

春巽夏坤秋在乾，冬来艮上不安然。
若是犯着千斤煞，死的牛羊万万千。

## 【白话点拨】

主要用来建宅，建造住宅，如春天将宅建在巽方，夏天将宅建在坤秋天将宅建在乾方，冬天将宅建在艮方，这都是大凶，名为犯了千斤煞，若犯千斤煞，当年损伤六畜众多，死的牛羊会很多很多。

# 大偷修日

壬子癸丑共丙辰，丁巳戊午己未行。
庚申辛酉八日内，诸位凶神尽朝天。
兴工连夜及修造，补旧补新大吉亨。
遇师晓得偷修日，便作阴阳行事人。

## 【白话点拨】

大偷修日是日神类星煞，如下文所讲，这些日子凶煞都上天见天帝去了，可以趁机大行修建营造之事，主要是在不利的日子里，做一个权变来用，要不然，怎么会有偷字呢？壬子、癸丑、丙辰、丁巳、戊午、己未、庚申、辛酉。这八日内为大偷修日，趁此机会修补房屋，新建房屋都是大吉大利运气亨通。地师若知道偷修日，便能逢凶化吉，大吉大利。特别管用，切记。

# 门光星

春不作东门，夏不开南门，秋不作西门，冬不开北门。
门不宜多开，水不宜分流，门不宜对门，水不宜中出。

不论节气均忌庚寅日，此乃大夫死日，不用。

## 【白话点拨】

建造住宅春天不宜作东门，夏天不宜开南门，秋天不宜作西门，冬天不宜开北门，门不应该多开，水不应该分流，宅门不宜与宅门相对而开，水不宜从正中流出。开门不论节气，但忌讳庚寅日，因为庚寅日是大夫死日，坚决不能用。

# 安门咒

天有三奇，地有六仪，玉女守门。
凶煞远避，进喜进财，大吉大利。
金玉满堂，长命富贵，急急如律令。

## 【白话点拨】

天上三奇：乙、丙、丁。
地下三奇：甲、戊、庚。
人中三奇：壬、癸、辛。

《奇门遁甲》术中，甲隐于六仪之内，六仪与三奇分置九宫，视"甲"之临，以占吉凶。急急如律令是道教符录和咒语中常用的敕语，意为勒令鬼神火速按符遵行。律令即命令，这里指符令。在作用是告诉你，凡是在安门时，可念以下咒语，以求瑞气盈门，福禄满门。

# 安厨灶方

宜东方大利，砌灶用新砖，水土洁净，高三尺，长七尺，口八寸，釜习三五日，若釜鸣不凶，男穿女衣，拜西即止。

## 【白话点拨】

这里讲古代人们对厨房卫生方位的关注，现在厨房环境改变了，所以他的实际意义就不大了，在此仅供参考，下面等同。

# 安锅口诀

安灶面西子孙长，向南烧火无祸殃。
面东贫穷北不利，作灶问师仔细详。

# 安锅吉凶日

建破妨家长，除危母受殃，成满害男女，执闭损牛羊。
开定多财宝，平收进田庄，八凶君莫犯，四吉乃为长。

## 【白话点拨】

建、破、除、危、成、满、执、闭、开、定、平、收，这是建除十二客中的神煞。遇建、破日安锅会妨害家长。遏除、危日母亲会受灾殃。遇成、满日安锅会祸害家中男女。遇执、闭日安锅会损伤牛羊。遇开、定日安锅会有财宝广进。收日安锅，则田庄大丰收。建、破、除、危、成、满、执、闭，为八凶神煞，遇此八凶神煞值日千万莫犯。开、定、平、收为四大吉神煞，犯着，大吉。

# 谢土日

庚午至丁丑，甲申至癸巳。
庚子至丁未，甲寅至癸亥。
合土神人中宫，祭之大吉。

## 【白话点拨】

谢土日宜选在庚午日、丁丑日、甲申日、癸巳日、庚子日、丁未日、甲寅日直至癸亥日。合乎土神入中宫，祭之会大吉。

# 穿井利方

五音穿井在真经，寅卯辰方巳酉通。
其余利方皆不利，百日之内有灾殃。

经曰：无故不可塞旧井，三六九月不穿井。

## 【白话点拨】

五音穿井是有讲究的，前人定下的规则已写在真经上。在寅方、卯方、辰方、巳方、酉方穿井都是吉利的，别的地方穿井是不吉利的，否则，百日之内会有灾殃出现。经说：无缘无故不可填塞旧井。逢三、六、九月不能穿井。穿井即打新井，凿井之意。

# 上官不祥日

上官初四为不祥，初七十六最堪伤。
十九更兼二十八，愚人不信定遭殃。
运好任中人马死，改任终须有一场。
若是为官知此日，官升职显禄高强。

中国传统术数总集 第一辑

# 天迁图

凡择者，逐月下起，初一数去，遇迁则吉，自如、罪、失、亡皆凶。

## 【白话点拨】

天迁图为上官赴任而用。凡是选择吉日，大月从一起，顺行，小月从初一这天起逆行，按逐月月上起，从初一开始数遇"迁"字，则吉，如遇"破、如、中、半"，吉。如遇"罪、失、亡"，俱凶。假如正月是大月，按顺时针数，初一日为迁，吉。初二日为破、如，吉，初三日为罪、亡，凶。初四日为失、亡，凶。这是大月顺数，余皆仿此类推。

## 天迁图

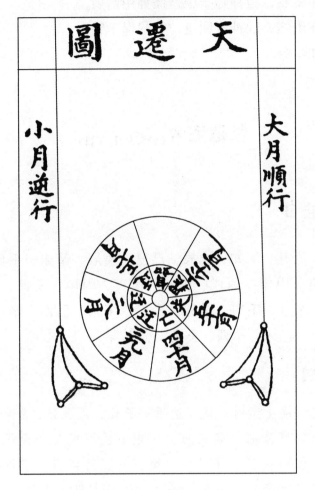

## 上梁筛子方位

亥殃寅为怪，辰狼未喜昌。

本日纳在中宫起便是喜怪方，以上梁之日，若子者从中五宫，起子至震三宫得未字，乃是喜神，宜向正东。余仿此。

附：殃狼神咒。

殃神明镜照，狼神筛子中，怪神用箭射。

喜神在绢红，凶神皆回避，福禄保千钟。

急急如律令。

# 竖造宅舍（忌天火日、午日）

## 上梁吉日

甲子、乙丑、丁卯、戊辰、己巳、庚辰、辛未、壬申、甲戌、丙子、戊寅、甲申、丙戌、戊子、庚寅、丙申、丁酉、戊戌、己亥、庚子、辛丑、壬寅、癸卯、乙巳、丁未、己酉、辛亥、癸丑、乙卯、丁巳、己未、辛酉、癸亥。合土吉

【白话点拨】

建住宅，在上梁时，适宜选用甲子日、乙丑日、丁卯日、戊辰日、己巳日、庚辰日、辛未日、壬申日、甲戌日、丙子日、戊寅日、甲申日、丙戌日、戊子日、庚寅日、丙申日、丁酉日、戊戌日、己亥日、庚子日、辛丑、壬寅日、癸卯日、乙巳日、丁未日、己酉日、辛亥日、癸丑日、乙卯日、丁巳日、己未日、辛酉、癸亥日。

## 立柱吉日

丙寅、辛巳、戊申、己亥，为四柱日。

## 【白话点拨】

建宅在立柱时，适宜选用丙寅日、辛巳日、戊申日、己亥日，以上为四柱日。

# 入宅归火

## 迁移吉日

甲子、乙丑、丙寅、丁卯、己巳、庚午、辛未、甲戌、乙亥、丁丑、癸未、庚寅、甲申、壬辰、乙未、庚子、壬寅、癸卯、丙午、丁未、庚戈、癸丑、甲寅、乙卯、己未、庚申，宜天月德明星黄道，忌本命对冲日，不用。

## 【白话点拨】

在迁移时适宜以下吉利的日子，分别是：甲子日、乙丑日、丙寅日、丁卯日、己巳日、庚午日、辛未日、甲戌日、乙亥日、丁丑日、癸未日、庚寅日、甲申日、壬辰日、乙未日、庚子日、壬寅日、癸卯日、丙午日、丁未日、庚戌日、癸丑日、甲寅日、乙卯日、己未日、庚申日。天德、月德、明星、黄道吉日是好日子，不要选择与宅主本命对冲的日子，如遇对冲相克之日，要坚决不用。

# 开渠穿井

## 开渠吉日

甲申、乙酉、丙子、丁丑、壬辰、癸巳、开日。

**【白话点拨】**

开渠吉日应选择在甲申日、乙酉日、丙子日、丁丑日、壬辰日、癸巳日、开日这些日子。

## 穿井吉日

甲子、乙丑、甲申、丁亥、甲午、乙未、庚子、辛丑、壬寅、乙巳，三酉、辛亥、癸丑、丁巳、辛酉、壬午、癸酉、丙午、乙酉、戊子、巳、戊午、己未、庚申、癸亥。又宜开日，通泉大吉。

凡塞旧井先行祭礼，次用五谷青石精香、珠砂安入井内，填之大吉且不可填实，恐伤眼目。

注：还有一方法，取外出五眼井的水倒入，然后再填上去。

**【白话点拨】**

穿井吉日应选择在甲子日、乙丑日、甲申日、丁亥日、甲午日、乙未日、庚子日、辛丑日、壬寅日、乙巳日、己酉日、辛亥日、癸丑日、丁巳日、辛酉日、壬午日、癸酉日、丙午日、乙酉日、戊子日、癸巳日、戊午日、己未日、庚申日、癸亥日，这些日子为最好。又适宜开日，通泉日大吉。

凡是将旧井填住时，要先行祭祀礼，再周五谷、青石、精香、砂放入井内，填好大吉，但不要填实，否则，恐怕会伤及眼睛。还有一方法，取另外五眼井的水倒入，然后再填上去。

# 袭爵上任

甲子、乙丑、丙寅、己巳、庚午、辛未、癸酉、丙子、丁丑、丙午丁未、丁酉、癸卯、癸丑、甲寅、乙未、庚子、癸卯、甲申、丙戌。

宜天月德、黄道、显、曲、专日，吉。

## 【白话点拨】

袭爵上任是一件很荣耀的事情，并且是一件大事，常用的吉利日子应选在甲子日、乙丑日、丙寅日、己巳日、庚午日、辛未日、癸酉日、丙子日、丁丑日、丙午日、丁未日、丁酉日、癸卯日、癸丑日、甲寅日、乙未日、庚子日、癸卯日、甲申日、丙戌日等。还适宜天德、月德、黄道日、显、曲日、专日等日子，都是大吉。

中国传统术数总集 第一辑

# 柳氏家藏婚元卷中

## 合 婚

吕才云：论检婚书之法，先检男女生命合宫，次检生月。利合得生气、天乙、福德，为之上婚，子孙昌盛。不避刑冲害绝钩绞岁星惆怅夹角及胞胎有犯月内诸凶并不忌也。如遇绝体、游魂、归魂者，称之中婚，可以较量轻重言之，命卦通利月，中小忌可以成婚。大抵婚姻之事理无十全，但得中平之上者。或值两家男女神煞有相敌，用之则又无妨。若遇五鬼之婚，男女皆多搅扰口舌相连。若遇绝命之婚，男必深重，男女各有忧亡。命卦和悦，凶吉相当，亦不宜其为婚也。

曜仙曰：合婚一节，自唐吕才所始，唐之前未有此术，不曾合婚。如指腹成亲者；割衫襟成亲者；自奔苟合，皆得子孙蕃息以至偕老，皆无合婚。自吕才一变，如两亲家其意相合，欲一子女配之，一用此术，则破之矣，百无一成。乃为破人之婚姻，其罪始于吕才。岂有子年正月生者，男皆是铁扫帚，二月骨髓破、冰消瓦解。子年正月生者，女皆是铁扫帚。男火命，四月生望门鳏，正月生妨三妻。女本命正月生望门寡，妨三夫。又如属猪、属羊、属犬生于春三月，皆犯大败狼籍、八败，岂有此理！今因世俗皆尚之，故取之于书，使智者辨之，愚者在其取舍。

柳氏曰：男逢羊刃必重婚，女犯伤官夫早离，神煞离其轻重，夫妇抵敌无妨。月老婚姻前生已定，造化各有贵贱，人生数有短长，莫泥妄为破婚姻，须要随时择嫁娶。但凡娶妇先论主婚，若四命之皆通俾合室之安泰，天罡、河魁、翁姑主婚不利命星、岁星，男女成婚则凶。既有吉年必求利月。一论阳前阴后大利佳期，二妨媒氏首子小利月分，三妨翁姑而四妨父母，五妨夫主而不妨本生。若无妨忌之人，亦可选择婚姻。既择嫁娶，先看纳微选不将周堂吉日，择德合黄道良辰。龙马虎蛇建破平收不可用。男女本命五鬼相伤，阳将伤夫，而阴将伤妇，阴阳俱将而夫妇俱亡。年内别无良日，除夜迎婚吉祥，乃为年尽月尽之日，百福皆从，众神不能专害也。迎婚之日，宅门首有白虎、螣蛇、青牛、乌鸡、青羊、天狗、六耗神，于户宜用谷草节向门洒之。其神争均新人夺路而人鞍及镜宝瓶入帐大吉。凡娶儿女夫妻须择行嫁利月，若是曾经出嫁之女，为之再婚，不择行嫁利月，只用吉良辰，入门则吉。

凡嫁娶周堂，值其翁姑者，新人入门时，时常有从权出外少避。候新入、坐床方可回家。如其日拜见，宜大厅及中堂。至如大宴厅堂则不妨，或三日拜堂大利。若妨夫妇难以回避，另择吉日成婚无妨。婚元秘诀，学者细推详。

## 【白话点拨】

合婚之说在中国古代命相学中起源稍晚，唐代以前没有此说。魏晋以后，西方异族大量进入中原。到了唐代，异族向唐王室及大臣门求婚者很多，于是唐太宗命吕才造了一个合婚表，用来堵住大批异族人的嘴，减少与他们的通婚。所以唐朝这个《吕才合婚图》又称为《灭蛮经》。当时的目的十分明确。但随着岁月流逝，后人轻信，这一点古人即已多次讲明。但有人并不因为吕才发明合婚图而完全摒弃合婚吉凶，后来命相家大多根据这来论述合婚。

吕才字纯阳，唐初思想家、术数家。受命刊正《阴阳书》百卷。对音律、地理、历法、阴阳五行等各种学问都有独到而精湛的研究。他编写的《合婚图》流传甚广，后世合婚，多以《合婚图》为根据。来论嫁娶。唐代的吕才说：若查婚书所讲的嫁娶法则，先查男子、女丁生肖年命所属之命宫，其次再查男子、女子出生时的月份，不相克而且舍辱生气、天乙、福德，这种情形下的男女结合为上婚，以后会子孙昌盛，不用避讳刑冲害绝，钧绞岁星、惆怅夹角及胎胞有犯月，这些神煞都不用忌。如果遇到绝体、游魂、归魂，在这种情况下结婚为中婚，可以看其神煞的影响轻重程度，再配这以男女双方的命卦，只要相通，利月为中这些都为小忌，完全可以成婚。这里特别强调的是，吕才，所用的吉凶星名与后来常用的凶吉星各不尽相同，须将宅门对庆过来便明白了。如吕才所说的"福德"，相当于常用的"延年"。吕才所说的"归魂"，相当于曹用的"伏位"。"游魂"相当于"六煞"。"绝体"相当于"祸害"。

其气"生气"、"天乙"、"五鬼"、"绝命"与常用名称相同。大体上男女婚姻大事，按理说难有十全十美的，但是通过择吉，再加上男女情投意参、心心相印，合婚成中等以上的婚姻是完全能做得到的。如果遇到男女神煞有相敌相克的情况，用了也不会有妨忌。如果遇到五鬼之婚，则婚后男女会经常发生争吵之事。如果遇到绝命之婚，男方会有深重的灾难，男方、女方各自都有性命之忧、亡命之难，虽然双方命卦和悦、凶吉相当，也是不能成婚的。

曜仙说：合婚一说，自唐代的吕才开始创立，唐朝之前没有此术，不曾合婚。曜仙：虚拟、假托的人物。像指腹成亲的；割衫襟成亲的；男女双方同意，而双亲反对，私奔苟合的，结合后都是有子有孙，繁衍生息，白头偕老，此之前也没有合婚之讲究。自从唐代吕才创立合婚之说，才开始改变以前的情况，如果两亲家其意相合，用一子配一女，一用合婚术，不符合，则双方婚姻之事告吹。美好姻缘遭到破坏，百无一成，实在是破坏另别人婚姻，其罪错始于吕才。举例说，哪有子年即鼠年正月出生的，男命皆是铁扫帚，二月皆是骨髓破、冰消瓦解。子年正月出生的如是女命，皆为铁扫帚。如果男子属于火命，四月出生会有望门寡之忧，正月出生会有妨三妻之忧。如果女子属木命，正月出生会有望门寡之忧，又有妨三夫之忧。又如生肖属相为属猪、属羊、属狗的人生于春季三月，都犯大败狼籍、八败，真是岂有此理。如今因为世风民俗都崇尚吕才合婚之术，所以将此术编在这本书里面，可使智者明辨此术，愚者一定要取舍坏。

柳洪泉先生说：男子结婚犯"羊刃"，必定要再结次婚；女子嫁人犯"伤官"，则其丈夫会早早离开她，即会很快与她离婚。这些不利的神煞，要看其影响的轻重程度，结婚后的男女共同抵挡，也是无妨碍的。天上月老定人间的婚姻，在人生下之前就已定下（这显然是一种迷信的说法。）人世间的男子、女子，其造化也是各自有贵有贱。人世间的男子、女子，其寿命也是有长有短，不要拘泥于一些无知妄说使婚姻破裂。必须要随着时代的发展，按照新风新俗来选择嫁娶。凡是娶媳妇，要先论男子的命相，女子的命相，男子父亲的命相，男子母亲的命相，这是所谓的主婚四命，这些都要相通。

媳妇娶进门之后会有"合室之安泰"的结果。翁姑，即是媳妇的公公、婆婆。如果他们主婚不利命星、岁星，那么男女成婚则有凶险。结婚要选好吉利之年，再找好大利之月。一要选好阳前阴后的大利佳期；二要妨媒人首子，即是小利月分；三要妨忌翁姑；四要妨忌父母；五要妨忌夫而不妨本人。这些妨忌，是指妨忌他们对自己成婚的不利因素。如果没有妨忌的人，也是可以选择婚姻的。

既然嫁娶要择吉，就要选大吉大利的好日子。《玉历碎金赋》上说：嫁娶之法说与知，先将女命定利期。次用男命配选日，女命为主要吉利。要查看嫁娶周堂，选择德合黄道吉日，选好佳期良辰。龙马虎蛇日、建月、破日、平日、收日是坚决不能用的。男女本命如是五鬼相伤，则阳将伤夫，阴将伤妇。阴阳俱将，则会夫妇俱亡。如果一年内别无良日，除夕那一天迎婚会很吉祥。除夕，为农历一年中最后一天，为年尽、月尽之日，百福都会随婚礼而跟从，众多神煞不能为害。迎婚的那一天，家宅门首要贴有白虎、腾蛇、青牛、鸟鸡、青羊、天狗、六耗神之类的图案还应该用谷草节向宅门处抛洒，这样神煞会远避，一对新人跨过马鞭。经过一系列的礼仪之后，进洞房、入帐帏，都会大吉。凡是女子嫁人，要选择行嫁利月。如果是已经出嫁过一次的女子，再次嫁人，称为再婚，不用选择行嫁利月，只要用吉日良辰即可，过门之后也是很吉利的。

看嫁娶周堂图，如值翁、姑的一对新人入门时，按照旧礼时俗，则公公、婆婆应从权出外，暂避一小会儿，待新人坐床后方可回家。如果当日要拜见公公、婆婆，应在大厅或者中堂都可，至于在大宴厅堂也不会有什么妨忌或者三日后拜见也是大利。如果按照嫁娶周堂图，当日妨夫妇，这是难以回避的，应另选大吉之日成婚，不会有什么妨忌。这是婚元秘诀，请各位学者仔细推算，详尽考察。

# 附：吕才合婚诀

一、延年婚主长寿有福，男女和谐，积德余庆，终生安康，上吉之婚配。

这样的婚配形式是：

乾命男配艮命女，艮命男配乾命女；

震命男配坎命女，坎命男配震命女；

兑命男配坤命女，坤命男配兑命女；

巽命男配离命女，离命男配巽命女。

二、生气婚主多子多福，儿孙满堂，子孝孙贤；有福有禄，上吉之婚。

这样的婚配形式是：

坎命男配巽命女，巽命男配坎命女；

震命男配离命女，离命男配震命女；

乾命男配兑命女，兑命男配乾命女；

艮命男配坤命女，坤命男配艮命女。

三、天乙婚主无灾无疾，一生平安，儿女和睦，无奸无盗，上吉之婚配：

这样的婚配形式是：

坎命男配艮命女，艮命男配坎命女；

坤命男配巽命女，巽命男配坤命女；

震命男配乾命女，乾命男配震命女；

兑命男配离命女，离命男配兑命女。

四、六煞婚主化险为夷，夫妻和顺，虽富不达，丰衣足食。寻常之婚配：

这样的婚配形式是：

坎命男配乾命女，乾命男配坎命女；

中国传统术数总集 第一辑

震命男配艮命女，艮命男配震命女；

兑命男配巽命女，巽命男配兑命女；

离命男配坤命女，坤命男配离命女。

五、祸害婚主遇难可解，逢凶化吉，坎坷劳碌，可保小康，寻常之婚配：

这样的婚配形式是：

坎命男配离命女，离命男配坎命女；

巽命男配震命女，震命男配巽命女；

乾命男配坤命女，坤命男配乾命女；

兑命男配艮命女，艮命男配兑命女。

六、伏位婚主一生平淡，有子有女，团圆和气，无惊无险。寻常之婚配。

这样的婚配形式是：

坎命男配坎命女，乾命男配乾命女；

坤命男配坤命女，兑命男配兑命女；

震命男配震命女，艮命男配艮命女；

巽命男配巽命女，离命男配离命女。

七、五鬼婚主口舌是非，生活不宁，邻里不和，时有官司，次凶之婚配。

这样的婚配形式是：

坎命男配兑命女，兑命男配坎命女；

震命男配坤命女，坤命男配震命女；

离命男配艮命女，艮命男配离命女；
乾命男配巽命女，巽命男配乾命女。

八、绝命婚主平生坎坷，生活艰辛，东离西走，家遭凶祸，大凶之婚配。

这样的婚配形式是：

坎命男配坤命女，坤命男配坎命女；
震命男配兑命女，兑命男配震命女；
巽命男配艮命女，艮命男配巽命女；
乾命男配离命女，离命男配乾命女

# 男妨妻多厄、望门鳏月

|  | 金 | 木 | 水 | 火 | 土 |
|---|---|---|---|---|---|
| 妻多厄 | 五六 | 二三 | 八九 | 十一、十二 | 二三 |
| 望门鳏 | 七 | 四 | 十 | 正 | 四 |

## 【白话点拨】

现列表述之：

| 男命 | 金 | 木 | 水 | 火 | 土 |
|---|---|---|---|---|---|
| 妻多厄 | 五月、六月 | 二月、三月 | 八月、九月 | 十一月、十二月 | 二月、三月 |
| 望门鳏 | 七月 | 四月 | 十月 | 正月 | 四月 |

# 纸簸箕月（男女同看）

虎马兔人生十一月，蛇鼠龙人生五月，犬猪羊人临二月。

鸡猴牛人生八月，妇人入门夫先死，夫到妇门绝火烟。

## 【白话点拨】

凡是出生在十一月的女士，属相为虎、马、兔的；凡是出生在五月的女士，属相为蛇、鼠、龙的；凡是出生在八月的女士，属相为鸡、猴、牛的，只要女方在这种情况下，男方也为这种情况，女方王式嫁到男方家以后，其丈夫的生命就会保不住。遇到以上情况，如果男方落户到女家，则家内会没有烟火，会绝后嗣。

# 白衣煞（男女同看）

寅申人　　巳亥人　　卯酉人　　辰戌人　　子午人　　丑未人
四、十月　正七月　五、十一月　六、十月　二八月　三九月

## 【白话点拨】

现列表述之：

| 寅申生 | 巳亥人 | 卯酉人 | 辰戌人 | 子午人 | 丑未人 |
|---|---|---|---|---|---|
| 四、十月 | 正、七月 | 五、十一月 | 六、十月 | 二、八月 | 三、九月 |

# 男命金星

主多病少乐。

子 丑 寅 卯 辰 巳 午 未　申　酉 戌 亥
四 五 六 七 八 九 十 十一 十二 正 二 三

## 【白话点拨】

现列表述之：

| 子 | 丑 | 寅 | 卯 | 辰 | 巳 | 午 | 未 | 申 | 酉 | 戌 | 亥 |
|---|---|---|---|---|---|---|---|---|---|---|---|
| 四月 | 五月 | 六月 | 七月 | 八月 | 九月 | 十月 | 十一月 | 十二月 | 正月 | 二月 | 三月 |

# 女岁星月

女岁星月主忧产厄病思。

子 丑 寅　卯　辰 巳 午 未 申 酉 戌 亥
二 正 十二 十一 十 九 八 七 六 五 四 三

## 【白话点拨】

现列表述之：

| 子 | 丑 | 寅 | 卯 | 辰 | 巳 | 午 | 未 | 申 | 酉 | 戌 | 亥 |
|---|---|---|---|---|---|---|---|---|---|---|---|
| 二月 | 正月 | 十二月 | 十一月 | 十月 | 九月 | 八月 | 七月 | 六月 | 五月 | 四月 | 三月 |

中国传统术数总集 第一辑

# 死墓妨克（男女同看论音）

男妨女：

　　　　　　金　　木　　水　　火　　土
死墓妨妻　五六七　二三四　八九十　十一十二正　二三四

## 【白话点拨】

现列表述之：

| 男命 | 金 | 木 | 水 | 火 | 土 |
|------|------|------|------|------|------|
| 死墓妨妻 | 五、六、七月 | 二、三、四月 | 八、九、十月 | 十一、十二、正月 | 二、三、四月 |

女妨男：　（妨夫：长生亥，长生申，长生寅，长生巳，长生申。）

　　　　　　金　　木　　水　　火　　土
死墓妨夫　八九十　十一十二正　二三四　二三四　五六七

## 【白话点拨】

现列表述之：

| 女命 | 金 | 木 | 水 | 火 | 土 |
|------|------|------|------|------|------|
| 死墓妨夫 | 八、九、十月 | 十一、十二、正月 | 二、三、四月 | 二、三、四月 | 五、六、七月 |

# 论天乙贵人

洪泉柳氏曰：其他书以申戌兼生羊庚辛逢马虎之列并理也，故曰：甲戊庚乃天土奇不可推。

甲戊庚人十二六月，乙己之人十一七月，丙丁之人十月八月，壬癸之人四月二月，六辛生人五月正月，遇贵人能解凶煞。阳贵人，冬至后子时至巳时用之。庚戊见牛甲贵羊，乙猴己鼠丙鸡方，丁猪癸蛇壬是兔，六辛逢虎贵为阳。阴贵神：夏至后午时至亥时用之。甲贵阴牛庚戊羊，乙阴在鼠己猴乡，丙猪丁鸡辛遇马，壬蛇癸兔属阴方。

## 【白话点拨】

天乙，是紫微垣枢傍之一星，万神之掌。一日二音，阴阳分治内外。天乙贵人：有阳贵、阴贵之分，阳贵起于"子"而顺，阴贵起于"申"而逆，此神实得阴阳配合之扣，所以能为吉庆，可以解凶厄。

甲、戊、庚生人逢六月、十二月，乙、己生人逢七月、十一月，丙、丁生人逢八月、十月，壬、癸之人逢二月、四月，六辛生人逢正月、五月，能遇贵人能解凶煞。这是天乙贵人月份方位歌诀。

阳贵神，每年的冬至后子时至巳时用。

# 孤辰寡宿月（男女同看）

|  | 寅卯辰 | 巳午未 | 申酉戌 | 亥子丑 |
|---|---|---|---|---|
| 孤辰 | 四 | 七 | 十 | 正 |
| 寡宿 | 十二 | 三 | 六 | 九 |

|  | 辰巳子 | 申酉丑 | 寅卯午 | 亥戌未 |
|---|---|---|---|---|
| 狼籍 | 五 | 八 | 十一 | 二 |
| 八败 | 六 | 九 | 十二 | 三 |
| 大败 | 四 | 七 | 十 | 正 |

## 【白话点拨】

现列表述之：

| 十二生命 | 寅卯辰 | 巳午未 | 申酉戌 | 亥子丑 |
|---|---|---|---|---|
| 孤辰 | 四月 | 七月 | 十月 | 正月 |
| 寡宿 | 十二月 | 三月 | 六月 | 九月 |
|  | 辰巳子生命 | 申酉丑生命 | 寅卯午生命 | 亥戌未生命 |
| 狼籍 | 五月 | 八月 | 十一月 | 二月 |
| 八败 | 六月 | 九月 | 十二月 | 三月 |
| 大败 | 四月 | 七月 | 十月 | 正月 |

男忌孤辰月，女忌寡宿月，如生气不忌。大败、狼籍、飞天狼籍、八败，如男女生月犯之，虽见男女成婚，每多啾唧。啾唧：象声词，形容虫、鸟等细碎的叫声。此处指男女婚后，经常小吵小闹。

# 男女破败凶月

|  | 子 | 丑 | 寅 | 卯 | 辰 | 巳 | 午 | 未 | 申 | 酉 | 戌 | 亥 |
|---|---|---|---|---|---|---|---|---|---|---|---|---|
| 男铁扫帚 | 正 | 六 | 四 | 二 | 正 | 六 | 四 | 二 | 正 | 六 | 四 | 二 |
| 女铁扫帚 | 十二 | 九 | 七 | 八 | 十二 | 九 | 七 | 八 | 十二 | 九 | 七 | 八 |
| 男骨髓破 | 三 | 二 | 十 | 五 | 十二 | 正 | 八 | 九 | 四 | 十一 | 六 | 七 |
| 女骨髓破 | 六 | 四 | 三 | 正 | 六 | 四 | 三 | 正 | 六 | 四 | 三 | 正 |
| 六害 | 六 | 五 | 四 | 三 | 二 | 正 | 十二 | 十一 | 十 | 九 | 八 | 七 |

## 【白话点拨】

现列表述之：

| 十二生肖命 |  | 子 | 丑 | 寅 | 卯 | 辰 | 巳 | 午 | 未 | 申 | 酉 | 戌 | 亥 |
|---|---|---|---|---|---|---|---|---|---|---|---|---|---|
| 骨髓破 | 男破女家 | 三月 | 二月 | 十月 | 五月 | 十二月 | 正月 | 八月 | 九月 | 四月 | 十一月 | 六月 | 七月 |
|  | 女破男家 | 六月 | 四月 | 三月 | 正月 | 六月 | 四月 | 三月 | 正月 | 六月 | 四月 | 三月 | 正月 |
| 铁扫帚 | 男扫女家 | 正月 | 六月 | 四月 | 二月 | 正月 | 六月 | 四月 | 二月 | 正月 | 六月 | 四月 | 二月 |
|  | 女扫男家 | 十二月 | 九月 | 九月 | 八月 | 十二月 | 九月 | 七月 | 八月 | 十二月 | 九月 | 七月 | 八月 |
| 六害 |  | 六月 | 五月 | 四月 | 三月 | 二月 | 正月 | 十二月 | 十一月 | 十月 | 九月 | 八月 | 七月 |

# 胎胞相冲月

正七男不娶四十女，二八男不娶五十一女。

三九男不娶六十二女，四十男不娶正七女。

五十一男不娶二八女，六十二男不娶三九女。

## 【白话点拨】

这里只要释意你就明白不矛盾了：如果男方是正月、七月出生，不能娶四月、十月出生的女子。如果男方是二月、八月出生，不能娶六月、十二月出生的女子。如果男方是四月、十月出生，不能娶正月、七月出生的女子。如果男方是五月、十一月出生，不能娶二月、八月出生的女子。如果男方是六月、十二月出生，不能娶三月、九月出生的女子。

# 配男女生克

寅卯木命男：木妇宜子，火妇相生，土妇财丰，金妇鬼贼，水妇相和。

巳午火命男：火妇多争，土妇相生，金妇益货，水妇鬼贼，木妇相和。

申酉金命男：金妇呻吟，水妇相生，木妇财盛，火妇鬼贼，土妇多子。

亥子水命男：水不同居，木妇相生，火妇财厚，土妇鬼贼，金妇多子。

## 【白话点拨】

属于寅卯木命的男子与属于木命的女子结合，和好美满，对儿子极为有利。与属于火命、土命的女子结合，吉利。与属于金命的女子结合，则凶。与属于水命的女子结合，则是相和。

属于巳午火命的男子与属于土命、木命的女子结合，吉利。与属于火命、金命、水命的女子结合，凶。

属于申酉金的男子与属水命、木命、土命的女子结合，吉利。与属于金命、火命的女子结合，则吉。

属于亥子水命的男子，与属于木命、火命、金命的女子结合，吉利＝与属于水命、土命的女子结合则凶。

# 内三堂

论长生，忌死养绝胎月，为妨克。

## 寅卯木命女

五六七八月生，忌寅卯木命翁，长生亥。
二三四五月生，忌辰戌丑土命姑，长生申。
十一十二正二月生，忌申酉金命夫，长生巳。

## 【白话点拨】

属于寅卯木命的女子在五月、六月、七月、八月生，忌寅卯木命的公公（即丈夫的父亲）。属于寅卯木命的女子在二月、三月、

中国传统术数总集　第一辑

四月、五月生的，忌辰戌丑未土命的婆婆。属于寅卯木命的女子在十一月、十二月、正月、二月生忌属于申酉金命的丈夫。

以下都同理。

### 巳午火命女

八九十一月生，忌巳午火命翁，长生寅。

十一十二正二月生，忌申酉金命姑，长生巳。

二三四五月生，忌亥子木命夫，长生申。

### 辰戌丑未土命女

二三四五月生，忌辰戌丑未土命翁，长生申。

二三四五月生，忌亥子水命姑，长生申。

五六七八月生，忌卯寅木命夫，长生亥。

### 申酉金命女

十一十二正二月生，忌申酉金命翁，长生巳。

五六七八月生，忌寅卯木命姑，长生亥。

八九十十二月生，忌巳午火命夫，长生寅。

### 亥子水命女

二三四五月生，忌亥子水命翁，长生申。

八九十十一月生，忌巳午火命姑，长生寅。

二三四五月生，忌辰戌丑未土命夫，长生申。

# 外三堂

## 寅卯木命男

二三四五月生，忌亥子水命岳父，长生申。
八九十十一月生，忌巳午火命岳母，长生寅。
二三四五月生，忌辰戌丑未土命妻，长生申。

### 【白话点拨】

属于寅卯木命的男子在二月、三月、四月、一月出生，忌属于亥子水命的岳父。属于寅卯木命的男子在八月、九月、十月、十一月出生，忌巳午火命的岳母。属于寅卯木命的男子在二月、三月、四月、五月出生，忌属于辰戌丑未土命的妻子。

以下都同理。

## 巳午火命男

五六七八月生，忌寅卯丑命岳父，长生亥。
三四五月生，忌辰戌丑未土命岳母，长生申。
十一十月生，忌申酉金命妻，长生巳。

## 辰戌丑未土命男

八九十十一月生，忌巳午火命岳父，长生寅。
九十二正二月生，忌申酉金命岳母，长生巳。

二三四五月生，忌亥子水命妻，长生申。

## 申酉金命男

二三四五月生，忌辰戌丑未土命岳父，长生申。
二三四五月生，忌亥子水命岳母，长生申。
正六七八月生，忌寅卯木命妻，长生亥。

## 亥子水命男

正二十一十二月生，忌申酉金命岳父，长生巳。
三六七八月生，忌寅卯木命岳母，长生亥。
八九十十一月生，忌巳午火命妻，长生寅。

# 附：男女婚配宜忌

婚姻为人生最重大事情之一，此表能帮助你参考婚姻的成功与失败。

并能提醒你们在婚前应注意什么，请诸君谨慎为本。

| 相鼠人 | 宜配相龙、猴、牛，大吉，其它生相次吉。 | 心心相印，最大吉祥，富贵幸福，万种事利，路亨通，成功，享福终世。 |
|---|---|---|
| | 忌相马、兔，羊次之 | 不成富豪，灾害并至，或不能建家立业，或恐寿不永，凶煞星临，甚至骨肉分离。 |

| 相牛人 | 宜配相鼠、蛇，鸡大吉，其它生相次吉。 | 天作良缘，必定家道隆昌，富豪门第，家势盛大，安稳吉庆，美满终生。 |
|---|---|---|
| | 忌配丰羊、马，狗次之。 | 有吉亦有凶，甘苦相伴，快乐穷困各半，是以前半生也有福，但无进取之气象，内心多忧苦悲惨，终必破败。 |
| 相虎人 | 宜配相马、狗，大吉。其它生相次吉。相猪吉凶相伴。 | 永结同心，德望日高，终成大业，富贵荣华，福寿双全，子孙昌盛。 |
| | 忌配相猴，蛇次之。 | 夫妻相克，忧愁不绝，无成无望，有破败之象，一生空虚寂寞，有伤疾短命之苦。 |
| 相兔人 | 宜配相羊、狗、猪，大吉。其它生相次吉。 | 凤凰齐心，功业成就，安居尊位，博利家兴。宜养德而慎行。 |
| | 忌配相鸡，鼠次之。 | 家庭难得幸福，逆境之象，事业不成，缺乏精神，灾害并至，痛苦不堪。 |
| 相龙人 | 宜配相鼠、猴、鸡，大吉。其它生相次吉。 | 缔结良缘，富贵功成，勤俭制业，子孙永继，代代喜庆。 |
| | 忌配相猪 | 子妻不终，破败别离，家运不能，败家之兆，终生的不幸，招灾祸，心不安。 |
| 相蛇人 | 宜配相牛、鸡，大吉。其它生相次吉。 | 福禄鸳鸯，智勇双全，互补事业，名利俱得，一生荣华富贵。 |
| | 忌配相猪，虎次之。 | 家境困苦，夫妻有隙，子息缺少，灾祸百端，晚景不祥。 |
| 相马人 | 宜配相虎、羊、狗，大吉。其它生相次吉。 | 相敬如宾，福气东来，安享富贵，家道昌荣，荫及子孙。 |
| | 忌配相鼠，牛次之。 | 中年行运难快乐，晚来病弱短寿，难望幸福，凶事重重，离乱凶兆，丧偶子别。 |
| 相羊人 | 宜配相兔、马、狗，大吉。其它生相次吉。 | 宜室宜家，性和合，天赐之福，业建德高，能成大业。 |
| | 忌配相牛，狗次之。 | 夫妻一世难得幸福，一生无衣禄，丧失配偶，克子孙，灾祸频来。 |

中国传统术数总集 第一辑

| | | |
|---|---|---|
| 相猴人 | 宜配相鼠、龙，大吉。其它生相次吉。 | 珠联璧合，一帆风顺，不能为害，成功富贵，子孙兴旺，五世其昌！ |
| | 忌配相虎，猪次之。 | 起初灾害，晚景不偕，中年倒运，少有扶持，或寿不永，疾病困苦。 |
| 相鸡人 | 宜配牛、龙、蛇，大吉。其它生相次吉。 | 知闻百世，天赐之福，兼有名望，功利通达，威望隆重。 |
| | 忌配相兔 | 有不测之灾，家属无禄，子息无多，灾害困苦，但不致有大害。 |
| 相狗人 | 宜配相虎、兔、马，大吉。其它生相次吉。 | 天地作保，事事成功，尊荣之福，清闲悠悠，家运隆昌，福寿绵长。 |
| | 忌配相龙，牛次之。 | 灾害叠来，钱财散财，难得福运亨通，一生困苦，事与愿违。 |
| 相猪人 | 宜配相羊、兔，大吉。其它生相次吉。 | 五世其昌，安福尊荣，财星爱临，喜庆特多，子孙兴旺。 |
| | 忌配相蛇，猴次之。 | 虽有和合，却属相克，家属不知，不能完寿，一生艰难，不得幸福。 |

## 【白话点拨】

每月初一日，简称朔。每月最末日，简称晦。月小之第十五日及月之第十六日，简称望。上弦，约在每月初七、初八日。下弦约在每月廿一、廿二日。每月十五或十六日，月最圆，而称为盈日。每月第廿八日该月将尽了，简称虚日。前贤皆将天上恒星分为二十八宿，以测量天之经度。

# 附：玉历碎金赋

**嫁娶之法说与知，先将女命定利期。**
**次用男命配选日，女命为主要吉利。**

中国传统术数总集 第一辑

月利期兮帝后备，不将季分三合妙。

五合六合七合宜，细查年月与日时。

周堂值夫并值妇，此日切莫会佳期。

横天朱雀四离绝，受死往亡归忌避。

月厌无翁日可用，厌对无姑反利期。

自缢无绞全然吉，人隔无弓正合宜。

二至二分四立忌，二至二分四立忌。

反目无全休迟疑，正四废日真灭没。

亥不行嫁箭刃悲。伏断空亡妙玉皇。

二德开花最合宜，朱雀坤宫天德解。

白虎行嫁麟符移。真夫星兮并天嗣。

日辰切莫冲干支，男阳气兮女阴胎。

若是冲支定缺儿。嫁年若犯厄与产。

本命罗纹贵无忌，绝房煞月真缺子。

食神有气反多儿。出门入门时要吉。

进房大忌埋儿时，河上翁煞忌会全。

若是两字不怕伊，流霞无刃本不忌。

红艳推来是论时，夫星天嗣死墓绝。

三字无全用最奇。父灭子胎虎吞胎。

三奇二德太阳宜，冲胎胎元日非正。

选择课中勿忌伊。冲母腹日切须忌。

天狗麟阳莫持疑，三煞非真贵人解。

夫星透显会成池。驿马有栏堪取用。

孤寡无全用为奇，煞翁天德能解化。

月德不怕煞姑期。煞夫煞妇用何救。

天帝天后勿为迟，有人会得三奇贵。

破夫煞妇俱无忌。嫁年天狗与白虎。

忌占一五七宫支，天盘麒麟看月将。

贵人登天吉时移，若得太阳同临照。

多生贵子与贵儿。女命带禄喜同支。

夫荣子贵庆齐眉，红鸾天喜音克制。

中国传统术数总集 第一辑

破碎刑命禄贵医。天狗首尾神忌坐。

太白凶方莫向之，二德三奇与贵人。

诸煞逢之能解移。神煞纷纭避难尽。

善在制化是真机。

## 【白话点拨】

《玉历碎金赋》所讲的是嫁娶择日的总例，因嫁娶择日法只是本书的一小部分，供读者慢慢参考。

# 附：六符图

麒麟属火，白虎属金，用麒麟制白虎，以火克金也。故书写麒麟符要用红纸条，以干净的毛笔沾珠砂墨书写，名"珠笔"。

凤凰属水，朱雀属火，用凤凰制朱雀，以水克火也，故书写凤凰符要用黄笺（或古纸），以干净的毛笔沾墨（以松烟墨为佳）书写，名"金笔"。

## 麒麟符式、凤凰符式一

## 麒麟符式、凤凰符式二

# 内三堂歌

内三堂歌曰：同命为翁我克婆，夫来克我要相和。
　　　　　　若临死墓绝胎月，便是三堂妨克歌。

# 外三堂歌

外三堂歌曰：生我妻父生妻母，我克为妻无滞阻。
　　　　　　衰病沐浴是中平，单忌死墓绝胎月。

长生　沐浴　冠带　临官　帝旺　衰
病　　死　　墓　　绝　　胎　　养

# 小游年

乾坤福天　　五命体生　　坎天福生　　体命五游
艮游命五　　生体福天　　震体生五　　命天福游
巽福天游　　五生命体　　离游天命　　体五生福
坤福体命　　兑生五体　　命游天福

# 宫卦例

坎一　坤二　震三　巽四　中五
乾六　兑七　艮八　离九
男五寄二宫，女五寄八宫。起宫之例难以备述，历日后有。

# 命卦例

子　坎　寅　丑　艮　　卯　震　辰　巳　巽
午　离　未　申　坤　　酉　兑　戌　亥　乾

## 【白话点拨】

以上五项，内三堂歌、外三堂歌、小游年、宫卦例、命卦例，都通俗易懂，在此无须点拨。

# 选择嫁娶婚书式

谨尊所书选择婚元嫁娶：
一论主婚翁命，某年某岁不犯天罡，福寿大吉。
一论主婚姑命，某年某岁不犯河魁，福寿大吉。
一论娶妇男命，某年某岁不犯命星，喜庆大吉。
一论行嫁女命，某年某岁不犯岁星，喜庆大吉。
一行嫁大利，某月某日为吉期，并无诸禁忌。

一选择纳征吉日，于某年某月某日某时，大吉。

一选择冠笄吉日，于某年某月某日某时，在房间坐向其方梳妆，女命忌属某，三相之人，避之大吉。

一选择嫁娶吉日，于某年某月某日，宜用某时，大吉。

一嫁娶之人忌属某三相，内亲不忌，妊娠产妇之人，忌之大吉。

一新人上下车马，宜向某方，迎之大吉。

一安床帐，宜用某房某间，或某房某间面。

一向某方夫妇行合卺之礼，大吉。

一路逢井石庙宇，宜用花红盖之大吉。

一论六耗神拦门，宜用五谷草节、铜钱迎门撒之，命新人抱红绢帛包车蝠及明镜宝瓶重物，履黄道某时，进宅大吉。

天地氤氲　咸新庆会　金玉满堂　长生富贵

大清　某年某月某日吉时选择听用全吉。

## 【白话点拨】

这段讲的是古代男方举行大婚时，女方在出嫁日那天以前向亲朋好友发请柬的内容格式，下面详细述之，其中"乾造"，指男方，即新郎，"坤造"指女方，即新娘。

# 行嫁利月

| 女命 | 子午 | 丑未 | 寅申 | 卯酉 | 辰戌 | 巳亥 |
|---|---|---|---|---|---|---|
| 大利月 | 六十二 | 五十一 | 二八 | 正七 | 四十 | 三九 |
| 妨媒氏首子 | 正七 | 四十 | 三九 | 六十二 | 五十一 | 二八 |
| 妨翁姑 | 二八 | 三九 | 四十 | 五十一 | 六十二 | 正七 |
| 妨女父母 | 三九 | 二八 | 五十一 | 四十 | 正七 | 六十二 |
| 妨夫主 | 四十 | 正七 | 六十二 | 三九 | 二八 | 五十一 |
| 妨本身 | 五十一 | 六十二 | 正七 | 二八 | 三九 | 四十 |

正七迎鸡兔，二八虎合猴。

三九蛇亥猪，四十龙合狗。

牛羊五十一，鼠马六十二。

## 【白话点拨】

| 女命 | 子午 | 丑未 | 寅申 | 卯酉 | 辰戌 | 巳亥 |
|---|---|---|---|---|---|---|
| 大利月 | 六月十二月 | 五月十一月 | 二月八月 | 正月七月 | 四月十月 | 三月九月 |
| 妨媒氏首子 | 正月七月 | 四月十月 | 三月九月 | 六月十二月 | 五月十一月 | 二月八月 |
| 妨翁姑 | 二月八月 | 三月九月 | 四月十月 | 五月十一月 | 六月十二月 | 正月七月 |
| 妨女父母 | 三月九月 | 二月八月 | 五月十一月 | 四月十月 | 正月七月 | 六月十二月 |
| 妨夫主 | 四月十月 | 正月七月 | 六月十二月 | 三月九月 | 二月八月 | 五月十一月 |
| 妨本身 | 五月十一月 | 六月十二月 | 正月七月 | 二月八月 | 三月九月 | 四月十月 |

女子出嫁，如果得"行嫁利月"，是遇吉期无诸禁忌，喜见新人，其余月份，各有所忌。如果没有所忌的人，则吉。"正月迎鸡兔"：女命属相为鸡、兔的，卯（兔）、酉（鸡），其行嫁大利月为正月、七月。"二八虎合猴"：女命属相为虎、猴的，寅（虎）、申（猴），其行嫁大利月为二月、八月。"三九蛇亥猪"：女命属相为蛇、猪的，巳（蛇）、亥（猪），其行嫁大利月为三月、九月。"四十龙合狗"：女命属相为龙、狗的，辰（龙）、戌（狗），其行嫁利月为四月、十月。"牛羊五十一"：女命属相为牛、羊的，丑（牛）、未（羊），其行嫁大利月为五月、十一月。"鼠马六十二"：女命属相为鼠、马的，子（鼠）、午（马），其行嫁大利月为六月、十二月。

附起例

阳前阴后一吉祥，正七首子及媒人。

二八月妨翁与姑，三九女之父母亲。

四十乃妨夫主月，五十一月妨女身。

子午寅申辰戌顺，丑未卯酉巳亥逆。

中国传统术数总集 第一辑

# 翁姑禁婚

翁忌天罡，姑忌河魁。

子午忌鼠马，逢寅丑未凶。
辰年猴虎忌，马踏兔鸡群。
申年龙狗忌，犬吠蛇猪惊。
此为翁姑禁，阴年永无妨。
午年婆全禁，嫁娶妇难当。
六阳年禁婚，六阴年不禁。

子、午：

子午天罡，卯酉河魁。
卯酉天罡，子午河魁。

寅、申：

丑未天罡，辰戌河魁。
辰戌天罡，丑未河魁。

辰、戌：

寅申天罡，巳亥河魁。
巳亥天罡，寅申河魁。

凡午年天下姑命十二相，俱已禁婚，宜带护身符不妨，或三日、次日拜见翁姑，则吉。

凡翁姑禁婚，宜带护身符三日拜堂，大吉。

## 【白话点拨】

翁：指男方的父亲，女方的公公。姑：指男方的母亲，女方称婆婆。

河魁、天罡皆为凶煞星。翁忌天罡星，姑忌河魁星。要看天罡、河魁对应的年份。如果男方在子年（即鼠年）结婚，本人父亲的属相为鼠、马，凶。如果男方在寅年（即虎年）结婚，本人父亲的属柱羊（未），凶。如果男方在辰年（即龙年）结婚，本人父亲属相为猴、虎，凶。如果男方在午年（即马年）结婚，本人父亲属相为鸡、兔，凶。如果男方在申年（即猴年）结婚，本人父亲属相为龙、狗，凶。如果男方在戌年（即狗年）结婚，本人父亲属相为蛇、猪，凶。子年、寅年、辰年、午年、申年、戌年为六阳年，丑年、卯年、巳年、未年、酉年、亥年为六阴年。

如果女方在子年（即鼠年）结婚，婆婆属相为鸡、兔，凶。如果女方在寅年（即虎年）结婚，婆婆属相为龙、狗，凶。如果女方在辰年（即龙年）结婚，婆婆属相为蛇、猪，凶。如果女方在午年（即马年）结婚，婆婆属相为鼠、马，凶。如果女方在申年（即猴年）结婚，婆婆属相为牛、羊，凶。如果女方在戌年（即狗年）结婚，婆婆属相为虎、猛然，凶。如果女方在这种年份结婚，便是犯了河魁凶煞星。

凡是马年即午年，天下姑命的所有十二属相，都是禁婚，结婚的男女应该带护身符则不妨，或三日，或次日拜见翁姑，则吉利。

凡是翁姑禁婚，应该带护身符三日拜堂，则会大吉大利。

# 男禁婚命星

| 子 | 丑 | 寅 | 卯 | 辰 | 巳 | 午 | 未 | 申 | 酉 | 戌 | 亥 | 年 |
|---|---|---|---|---|---|---|---|---|---|---|---|---|
| 未 | 申 | 酉 | 戌 | 亥 | 子 | 丑 | 寅 | 卯 | 辰 | 巳 | 午 | 命 |
| 巳 | 午 | 未 | 申 | 酉 | 戌 | 亥 | 子 | 丑 | 寅 | 卯 | 辰 | 命 |

## 【白话点拨】

| 年 | 子 | 丑 | 寅 | 卯 | 辰 | 巳 | 午 | 未 | 申 | 酉 | 戌 | 亥 |
|---|---|---|---|---|---|---|---|---|---|---|---|---|
| 男命 | 未 | 申 | 酉 | 戌 | 亥 | 子 | 丑 | 寅 | 卯 | 辰 | 巳 | 午 |
| 男命 | 巳 | 午 | 未 | 申 | 酉 | 戌 | 亥 | 子 | 丑 | 寅 | 卯 | 辰 |
| 男命 | 寅 | 卯 | 辰 | 巳 | 午 | 未 | 申 | 酉 | 戌 | 亥 | 子 | 丑 |

　　如男命用子年娶亲，忌本身属蛇。不宜娶亲。子年禁蛇相，丑年禁马相，寅年禁羊相，卯年禁猴相，辰年禁鸡相，巳年禁狗相，午年禁猪相，未年禁鼠相，申年禁牛相，酉年禁虎相，戌年禁兔相，亥年禁龙相。

　　如果男方在子年（即鼠年）娶亲，男命属相为羊（未）的，为蛇（巳）的，为虎（寅）的，那是不吉利的。如果男方在丑年（即牛年）娶亲，男命属相为猴（申）的，为马（午）的，为兔（卯）的，那是不吉利的，为"禁婚命星"。如果男方在寅年（即虎年）娶亲，男命属相为鸡（酉）的，为羊（未）的，为龙（辰）的，不吉。如果男方在卯年（即兔年）娶亲，男命属相为狗（戌）的，为猴（申）的，为蛇（巳）的，不吉。如果男方在辰年（即龙年）娶亲，男命属相为猪（亥）的，为鸡（酉）的，为马（午）的，不吉。如果男方在巳年（即蛇年）娶亲，男命属相为鼠（子）的，为狗（戌）的，为羊（未）的，不吉。如果男方在午年（即马年）娶亲，男命属相为牛（牛）的，为猪（亥）的，为猴（申）的，不吉。如果男方在未年（即羊年）娶亲，男命属相为虎（寅）的，为鼠（子）的，为鸡（酉）的，不吉。如果男方在申年（即猴年）娶亲，男命属相为兔（卯）的，为牛（丑）的，为狗（戌）的，不吉。如果男方在酉年（即鸡年）娶亲，男命属相为龙（辰）的，为虎（寅）的，为鸡（酉）的，不吉。如果男方在戌年（即狗年）娶亲，男命属相为蛇（巳）的，为兔（卯）的，为鼠（子）的，不吉。如果男方在亥年（即猪

中国传统术数总集　第一辑

年）娶亲，男命属相为马（午）的，为龙（辰）的，为牛（丑）的，不吉。即是犯了"禁婚命星"，都应当避之为吉。

# 女禁婚岁

> 子兔丑虎寅牛前，卯鼠辰猪巳狗先。
> 午鸡未猴申羊位，酉马戌蛇亥龙牵。

凡男女禁婚，不宜嫁娶。用砖四个，殊书神符，安镇床角下即免灾祸成婚大吉。又法：用青石一块安卧房中，镇百日，大吉。

## 【白话点拨】

如女命用子年行嫁，忌本身属兔：不宜出嫁。

子年忌兔相，丑年忌虎相，寅年忌牛相。

卯年忌鼠相，辰年忌猪相，巳年忌狗相。

午年忌鸡相，未年忌猴相，申年忌羊相。

酉年忌马相，戌年忌蛇相，警亥年忌龙相。

凡是男女按以上规则属于禁婚之列，不宜嫁娶，可用砖头四个，用殊砂书写神符，符如右图。

将此符贴在砖头上，安镇在床角下，即可免除灾祸，成婚大吉。还可用青石一块安卧在新婚洞房之中，镇一百天，也会大吉。

中国传统术数总集 第一辑

# 嫁娶送女客忌三相

内亲不忌，忌孕妇，产妇不用。

申子辰年蛇鸡牛，巳酉丑年虎马狗。
寅午戌年猪兔羊，亥卯未年龙鼠猴。

## 【白话点拨】

三相：即三种属相，即正文中的"蛇鸡牛"、"虎马狗"、"猪兔羊"、"龙鼠猴"。如女命属龙，即是辰年生，生辰前一数巳，五数酉，九数丑，所以忌属蛇的，忌属鸡的，忌属牛的。以此类推。

**古传婚配属相相忌口诀：**

白马怕青牛，自来白马怕青牛，十人近着九人愁，匹配若犯青牛马，光女家住不停留。

羊鼠一旦休，羊鼠相交一旦休，婚姻匹配自难留，诸君若犯羊与鼠，夫妻不利家安宁。

蛇虎如刀错，蛇虎配婚如刀错，男女不合矛盾多，生儿养女定何伤，总有骨肉相脱离。

兔蛇泪交流，兔儿见龙泪交流，合婚不幸皱眉头，一双男女犯争斗，若如黄莲夕梦愁。

金鸡怕玉犬，金鸡玉犬难躲避，合婚双方不可遇，两属相争大不宜，世人一定要禁忌。

猪猴不到头，猪与猿猴不到头，朝朝日日泪交流，男女不溶共长久，合家不幸一笔勾。

婚配属相相和口诀：

鼠加牛，黑鼠黄牛正相合，男女相配无差错，儿女百年多长久，富贵荣华福禄多。

虎加猪，青虎黑猪上等婚，男女相合好缘姻，财禄丰盈百事顺，人口兴旺有精神。

龙加鸡，黄龙白鸡更相投，过门发达好来由，儿女成才子孙壮，福寿长绵永不休。

蛇加猴，红蛇白猴满堂红，合婚相配古来兴，大婚相对子孙有，福寿双全多康宁。

马加羊，红马黄羊两相随，这等婚姻最完美，日子富裕久长在，子孙寿禄更夺魁。

兔加狗，青兔黄狗古来有，合婚相配定长久，家门吉庆福寿多，万母家财足北斗。

**仅供参考的另种说法：**

**第一对：老鼠兔子不成婚**

子鼠卯兔为无礼之刑，好比"儿子殴打母亲"，非常不孝，属于无礼。两人在一起一开始比较恩爱，后来一方对另一方的感情越来越远。

**第二对：虎猴一见两地分**

寅虎和申猴的关系比较复杂，既是相冲又是犯刑。寅申冲为"阳阳同性对抗无情之冲"，两人在一起时间长了会有一个人经常生病，或者在一起的时间比较少。经常分开感情还好一些，如果经常在一起反而会经常吵架。寅巳申无恩之刑也是如此。

**第三对：金鸡不到马群跑**

酉鸡和午马的关系并不是太糟，主要是火克制金，大地之火对金银首饰之金的克制，这种相克力量不大，但是阴方受制，女方多注意身体疾病。

**第四对：江猪不敢跳龙门**

辰龙克制亥猪，辰为土，亥为水，"水来土掩"，水受土的克制，这种克制也是有力之克，两者的结合可能会影响到财运，因为"辰"为库，财库受克制总会影响财运。

**第五对：戌狗不到巳上去**

戌狗与巳蛇的关系，主要表现在一方的无私奉献而耗空自己，虽然感情美满但是不太长久。巳火为南方万家灯头之火，力量有限，而戌土为干土，土干而不湿为无情。用"灯头之火"生"干燥之土"，虽耗空自己感情美满但是不长久，久不为美。

**第六对：牛羊相逢泪淋淋**

丑牛冲未羊，丑土和未土都是土，两者都属阴，阴与阴为同性相冲，两者的结合也不太理想。"离多聚少，聚多病生"。要特别注意身体健康，如果两人为记者类经常在外奔跑之人，两者结合反而为美，感情长久，身体亦健康。实为"逢冲则动，不动则伤"。

# 下轿方向

寅卯辰女宜向西，巳午未女宜向北。
申酉戌女宜向东，亥子丑女宜向南。

## 【白话点拨】

古代女方在出嫁时，上、下轿的方向是有讲究的，现代讲究上下车的方向。方法是按女方的生肖为依据，坐生肖方，面朝生肖相反的方向，即下文所讲生肖属虎、属兔、属龙的女子在上下轿时应面向西方，生肖属蛇、属马、属羊的女子面向北方，属猴、属鸡、属狗的女应面向东方，属猪、属鼠、属牛的女子应面向南方。

# 安床方向

寅卯辰女，堂房西间，南房东间，坐丙向壬。
巳午未女，东房北间，西房南间，坐庚向甲。

申酉戌女，堂房西间，南房东间，坐壬向丙。

亥子丑女，东房北间，西房南间，坐甲向庚。

若帐地不堪者，用神箭四枚压床四角，大吉。

## 【白话点拨】

生肖属虎、属兔、属龙的女子安床坐帐方向应在堂房的西间，或者是南房的东间，坐丙方向壬向。生肖属蛇、属马、属羊的女子安床坐帐方向应在东房的北房，西房的南间，坐庚方向甲向。生肖属袁、属鸡、属狗的女子安床坐帐应在堂房的西间，南房的东间，坐壬向丙。生肖属猪、属鼠、属牛的女子安床坐帐应在东房的北间，西厉的南间，坐甲向庚。如果坐帐的地方不堪使用，可用神箭四枚压在婚床的四角这样会大吉。

# 抵向太白星忌之

一震二巽三在离，四坤五兑六西北。

七坎八艮九中央，逢十上天定无移。

# 附：安床碎金赋

安床条例必先知，有气乾坤益后宜，禄马贵人推拱护，官星食神并重蓬。阴胎阳气无冲好，朱雀乾宫凤凰期，月破火星与受死，亦怕灭没及卧尸。四离四绝正四废，凶宿凶时两埋儿，冲煞刑刃灭子胎，必主病堕胎悲伤。新床大忌冲嫁日，旧榻受胎勿妄移，凤凰和乐成佳偶，吉梦同占发桂岐。

另：安床课中，如逢偏印透露，所谓偏印是以女命年干对照日课四柱豹天干而言；甲命见壬、乙命见癸、丙命见甲、丁命见乙、戊命见丙，余类推，皆为偏印，即是克子星，宜就课中取其制化或脱泄均妙；至于安床日，切不可与嫁娶之日逢冲。

# 五鬼方位

**甲己东南乙庚艮，丙辛正北君休去。**
**丁壬西北定其兴，戊癸莫行西南路。**

## 【白话点拨】

如甲日或己日，五鬼在东南方，当避之。破败五鬼为凶煞。如果逢乙日、庚日，五鬼在东北方，应避之。如逢丙日、辛日，五鬼在正北方，应避之。如果逢丁日、壬日，五鬼在西北方，应避之。如逢戊日、癸日，五鬼在西南方，应当避之。

# 红砂日

孟寅仲午季戌方。

**孟月常居酉，仲月巳上加，季月未丑上，此日是红砂。**
**出外犯红砂，必定不归家。得病犯红砂，儿子挂缌麻。**
**嫁娶犯红砂，实是破人家。盖房犯红砂，必然火烧家。**

解曰：寅午戌会火局为之红砂。孟月以酉上起天罡，起到寅上遇酉字，此孟月酉日是红砂。天罡者，辰字也。余仿此。

【白话点拨】

以每季的一月、四月、七月、十月四个孟月之酉日，二月、五月、八月、十一月四个仲月之巳日，三月、六月、九月、十二月四个季月之丑日称为"红砂日"。红砂日是大凶日。如果有人外出犯了红砂日，就会客死他乡，难以归家。如果有人得病犯了红砂日，主此人性命不保，其儿女将为其披麻戴孝。如果有人嫁娶时犯了红砂日，将会家破人亡。如果有人在盖房子时犯了红砂日，家里必然会发生火灾，将家产烧光。

# 红嘴朱雀日

红嘴朱雀三尺长，眼似流星火耀光。
等闲无事伤人命，千里飞来会过江
初一行嫁主再娶，初九造屋定乖张。
十七葬上冷退死，廿五移徙人财伤。
切忌犯之灾立至，前人试验不非常。

【白话点拨】

红嘴朱雀是不祥之神，红嘴朱雀有三尺长，眼亮好似流星的火光，遇此凶煞之神会伤人命，此凶煞神法很广大，女方在每月初一出嫁，不吉，主男方会重新娶亲，每月初九造屋是很不吉利的，每月十七日下葬也是不好，每月的二十五日搬家，会导致人伤财损，以上日子千万不要犯着，因为这是前代数辈人应验过的。非常灵验。

# 日游鹤神

是人都说会阴阳，日游鹤神在哪方？
己酉原来东北方，乙卯正东居五日。
庚申都在巽宫藏，丙寅南方披金甲。
辛未西南是故乡，丁丑西方骑白马。
壬午寻龙乾放光，戊子北方住五日。
壬辰癸巳上天堂，天上住了十六日。
己酉还来东北方，婚姻嫁娶若犯着。
犯着鹤神少儿郎，买卖经商若犯着。
连人带马不还乡，口阔一田三分天。
冬吃瓦碴夏吃骨，人间莫犯要思量。

## 【白话点拨】

鹤神方位：出行时不能去的方向。本来为吉神，后来演变为南方民俗中的凶煞。鹤神以癸巳日上天起，到戊申日共十六日，至己酉日而下巡历四方，共四十四日。从癸巳至戊申的十六日中，一个在室，一个在天，而其在四方亦然，据此推测其义理，以鹤神为天罡（凶煞），这样鹤神方向就是天罡地煞之游行，自然不能抵向，凡事避之，则为大吉。

己酉日鹤神在东北方，即在艮宫。乙卯日鹤神在正东方，即在震宫；并居五日。庚申日鹤神在巽宫藏，即在东南方。丙寅日也是在正南方。辛未日鹤神在西南方，即坤宫。丁丑日鹤神在正西方，即兑宫。壬午日鹤神在西北方，即乾宫。戊子日鹤神在正北方，即坎宫，并居住五日。癸巳日、壬辰日鹤神上了天界，并居了十六日。到了己酉日又回到东北方。这种情况，都要避开，婚姻、嫁娶不能犯着，如犯则会少子息儿郎。买卖经商也不能犯着，犯着了连人带马都回不了家乡。日游鹤神千万别犯着，惹不起，躲得起，人们对此要多多考虑一下。

# 七煞星

角亢奎娄鬼牛星，出军便使不回兵。
行船定被大风起，为官未满亦遭刑。
起造婚姻逢此日，不过一年见哭声。
世人若是被七煞，官员士庶尽丰荣。

## 【白话点拨】

二十八宿之七星中角、亢、奎、娄、鬼、牛、星，名叫"七煞星"从事各种事务，若是犯了这七星，那么会大凶。行军打仗，即使派出完整的军队，也会全军覆没。外出行船遇此七星值宿，会有大风刮起，使船翻人亡。为官上任逢此七星，还未上任就会遭遇伤害和刑罚。起建修造宅地逢此七星日，不到一年，家中会有人去世。世间人们若是躲过、背离这七星宿的日子，一定会使为官、为民者，官运荣升，荣华富贵。

# 男冠女笄

冠笄吉日：甲子、丙寅、丁卯、戊辰、辛未、壬申、丙子、戊寅、壬午、丙戌、壬午、辛卯、壬辰、癸巳、甲午、丙申、癸卯、甲辰、乙巳、丙午、丁未、庚戌、甲寅、乙卯、丁巳、辛酉、壬戌。

又宜天月德、天月恩、生气、福生、益后、续世、定日。忌丑日，不可用。申八月定日不可用之。

# 白虎方

是人都说会阴阳，日游白虎在哪厢？
甲在巽位乙坤宫，丙南丁震戊西方。
壬癸坎上庚坤位，辛日乾上己艮方。
出行移徙皆要忌，婚男嫁女两分张。
甲乙蒙胧晡，戊己路傍中，
丙丁白虎死，壬癸病着床，
庚辛吃食饭，方知会阴阳。

## 【白话点拨】

白虎在哪个方位，并不是人人都能讲清楚的：日游白虎方位，甲日在巽宫，即东南方。乙日在坤宫，即西南方。丙日在离宫，即正南方。丁日在震宫，即正东方。戊日在兑宫，即正西方。壬日、癸日在坎宫，即正北方。庚日在坤宫，即西南方。辛日在乾宫，即西北方。己日在艮宫，即东北方。

# 十二黄黑道日时

青龙明堂与天刑，朱雀金柜天德神。
白虎玉堂天牢黑，玄武司命及勾陈。
寅申须加子，卯酉却居寅，
辰戌龙位上，巳亥戊土存，
子午临申地，丑未戌相逢。

假如寅申日于子上起青龙，余皆仿此。

**青龙黄道，明堂黄道，天刑黑道，朱雀黑道。**
**金柜黄道，天德黄道，白虎黑道，玉堂黄道。**
**天牢黑道，玄武黑道，司命黄道，勾陈黑道。**

建满平收黑，除危定执黄，成开皆大用，闭破不相当。遇黄道日时万事大吉。

## 【白话点拨】

黄黑道，是黄道日和黑道日总称。青龙、明堂、金柜、天德、玉堂、司命属于黄道六神。天刑、朱雀、白虎、天牢、玄武、勾陈都属于黑道六神。如寅申日，子时是青龙，丑时是明堂，寅时是天刑，卯时是朱雀，辰时是金柜，数至亥时是勾陈。其余仿此类推。

青龙、明堂、金柜、天德、玉堂、司命，都是吉时，其余皆凶，不可用。"建满平收黑"一句中的建、满、平、收日，黑道属于十二客中神煞，这句是说建、满、平、收当值凶险。"除危定执黄"一句中的除、危、定、执日，黄道也属十二客中星煞，这句是说除、危、定、执日，黄道当值吉祥。"成开皆大用"这句中的成、开，当值吉祥，"闭破不相当"，这句中的闭、破当值时不吉，凡是遇黄道日时，都是万事大吉。

# 喜神方

甲己在艮乙庚乾，丙辛坤位喜神安。
丁壬只向离宫坐，戊癸游来在巽间。

# 喜神喜不喜

甲己端坐乙庚睡，丙辛怒色皱双眉。
丁壬吃得醺醺醉，戊癸游来笑嘻嘻。

## 【白话点拨】

在嫁娶时，如喜神生怒，另须另择吉日亦可。在"丙辛"日喜神发怒，不宜嫁娶，甲己、丁壬、戊癸这样的日子则是大吉。

# 增福神方

甲乙东南是福神，丙丁正东是堪宜。
戊北己离庚辛坤，壬在乾官癸在酉。

## 【白话点拨】

在甲、乙当头的干支日，福神在东南方，在丙、丁当头的干支日，福神在东方。在戊当头的干支日，福神在北方，在己当头的干支日，福神在南方，在庚辛当头的干支日，福神在西南方，在壬当头的干支日，福神在西北方，在癸当头的干支日，福神在西方。

# 财神方

以我克者为财。

甲乙东北方，丙丁正酉藏。

戊己北方坐，庚辛正东壬癸南。

## 【白话点拨】

在甲乙当头的干支日，财神在东北方，在丙丁当头的干支日，财神在正南方，在戊己当头的干支日，财神在北方正坐，在庚辛当头的干支日，财神在正东方，在壬癸当头的干支日，财神在正南方。

上述诗诀，有的书上写为：

甲乙东北是财神，丙丁向在正南寻。

戊己正北坐方位，庚辛正东去安身。

壬癸原来正南坐，便是财神正方位。

# 枯焦日

正月为龙二月牛，三狗四羊五兔头。

六鼠七鸡八在马，九虎十猪十一猴。

十二枯焦巳上是，上宫批任也大怒。

犍牛膳马皆要忌，养蚕下种便无收。

## 【白话点拨】

枯焦日即久旱不下雨的日子。正月的枯焦日为辰日，二月的枯焦日为丑日，三月的枯焦日为戌日，四月的枯焦日为未日，五月的枯焦日为卯日，六月的枯焦日为子日，七月的枯焦日为酉日，八月的枯焦日为午日，九月的枯焦日为寅日，十月的枯焦日为亥日，十一月的枯焦日为申日，十二月的枯焦日为巳日。这些日子对于犍牛膳马是很不利的，对于养蚕下种则没有什么收成。

# 母仓日

　　春逢亥子是母仓，夏间寅卯最为良。
　　秋天辰戌丑未上，冬间却来申酉方。
　　土王之后逢邑午，耕犁栽种无虫伤。
　　此是四季母仓日，一年打下十年粮。

## 【白话点拨】

　　母仓：为从辰名，吉神，即生月令五行之地支。每年春季亥子，夏季寅卯，秋季辰戌丑未，冬季申酉，都是母仓日。和土王用事后巳午当值时，都是十分吉祥的。土王用事：土王，金旺于秋，水旺于冬；本火金水，均各七十二日。唯土于四时，无时不在，故在四时季；砬十八日，合计七十二日称土王用事。土王用事的日期从立春、立夏、主秋、立冬日开始，上推十八日。

# 瘟神日

　　正羊二犬三在辰，四月自古莫犯寅。
　　五马六鼠七鸡上，八月瘟神在于申。
　　九蛇十猪十一兔，十二牛头重千斤。
　　死墓犯在瘟神煞，死了自家叫两邻。
　　得病之日口吐血，三日一七见阎君。

## 【白话点拨】

　　瘟神：传说中能散播瘟疫的恶神。

每年正月的未日是瘟神日，二月的戌日是瘟神日，三月的辰日是瘟神日，四月的寅日是瘟神日，五月的午日是瘟神日，六月的子日是瘟神日，七月的酉日是瘟神日，八月的申日是瘟神日，九月的巳日是瘟神日，十月的亥日是瘟神日，十一月的卯日是瘟神日，十二月的丑日是瘟神日。

如果有人在瘟神日死去，为犯了瘟神煞，大凶，不仅死了自家人，左、右的邻居也有性命之忧，得病日犯了瘟神煞，主病人口内吐血，三日后会死去。

# 太岁出游日

**壬午天上癸未水，庚子辛丑玉皇差。**
**戊子己丑朝天界，掘得黄泉永无灾。**

## 【白话点拨】

太岁出游日，又称"太岁神煞出游日"，太岁在壬午日、癸未日、庚子日、辛丑日、戊子日、己丑日出游，在这六个日子里进行破土、动工、建造之事，会没有灾殃，即使掘得黄泉，也会永无灾难。

# 天文日月

东海至西海，三十五万里。南海至北海，四十九万里。东至西，九十一万里。南至北，八十万里。天至地，八万四千里。地厚，七万三千二百里。

上有九江八河，下有五湖四海。天中有一道河，乃是天堑之黄河。风至地，八十里。云至地，一百五十里。雨至地，四十里。雪至地，一百里。雷方便有一清二断，雪中方显九重云霄。日方圆，八百六十里。月方圆，八百八十里。普照天下。

## 【白话点拨】

此段所列的数字，都是大概数，这是因为古代天文学象，占星家没有什么测量天体之间距离，天体本身体积的工具。但是古气天文学家所做出的贡献是杰出的、伟大的。像张衡、僧一行、郭守敬、沈括等，都永垂史册。

# 定太阳出落法

正九出乙人庚方，二八出兔入鸡场。
三七发甲入辛地，四六生寅入戌方。
五月生艮归乾上，仲冬出巽入坤乡。
惟有十与十二月，出辰入申仔细详。

## 【白话点拨】

正月、九月太阳出于乙方，入于庚方；二月、八太阳出于卯方，入于酉方；三月、七月太阳出于甲方，入于辛方；四一六月太阳出于寅方，入于戌方；五月太阳出于艮方，入于乾方；十一月峰出于翼方，入于坤方；十二太阳出于辰方，入于申方。

# 太阴出时

三辰五巳八午中，初十出未十三申。

十五酉上十八戌，二十亥上计斜神。
二十三日子时出，二十六日丑时行。
二十八日寅时正，三十加未卯上转。
出茶齐正斜角没，万万年年日是真。

## 【白话点拨】

太阴：指月亮。初三在辰时太阴出，初五在巳耐太阴出，初八在午时太阴出，初十在未时太阴出，十三日在申时太阴出，十五日在酉时太阴出，十八日在戌时太阴出，二十日在亥时太阴出，二十三日在子时太阴出，二十六在丑时太阴出，二十八日在寅时太阴出，三十在卯时太阴出。

# 定寅时

正九五更二点彻，二八五更四点歇；
三七平光是寅时，四六日出寅无别。
五月旮高三丈地，十月十二四更二；
仲冬才到四更初，便是寅时与君记。

## 【白话点拨】

更：古代夜间计时的一种方法。和上面讲的"更"一样。正月、九月，五更二点之后是寅时；二月、八月，五更四点之后是寅时；三月、七月，黎明时分是寅时；四月、六月，日出时分是寅时；五月，日高三丈时分是寅时；十月、十二月，四更二点以后是寅时；十一月，四更初是寅时。

# 参辰寅时

参辰午上子加辰，攒昂之末已上寻。
出茶齐正斜角没，万年千载不虚陈。

# 占雷鸣

乾天艮鬼巽风门，东木西金人户坤。
南火北水依次第，若雷初起定灾凶。
金木门丰鬼多病，天门疫疾损田风。
正北水灾南大旱，火门人疾又发虫。

## 【白话点拨】

乾指西北方，巽指东南方，坤指西南方，艮指东北方，离指正南方，坎指正北方，震指正东方，兑指正西方。如果天空出现雷鸣，看雷鸣在何方响起，响在东南方，当地会有虫灾。响在西南方，当地会有蝗灾。响在正东方，当地会是丰收年。响在东北方，当年粮食价至。响在正西方，当年金、铁价贵。响在西北方，当年国家安泰，可是百姓有灾。响在正北方，当年会多雨，会有水灾。响在正南方，当地将干旱。

中国传统术数总集 第一辑

## 二十八宿定阴阳

如逢室堂多风雨，道德金星天色晴。
娄危胃风多主冷，毕昴天阴却急晴。
觜参井宿大风起，鬼柳多阴雷雾臁。
张翼有风并大雨，角轸微微终露晴。
亢宿有风吹上沙，氐房心星雨风多。
箕斗室震无大雨，牛女虚危三日风。

## 四季断雨

春甲子赤地千里，夏甲子撑船入市。
秋甲子禾头生芽，冬甲子雪地千里。

## 占立春吉凶

富贵在神天，十年紧相连。
但看立春日，甲乙是丰年。
丙丁偏大旱，戊己好种田。
庚辛人马动，壬癸水连天。

## 【白话点拨】

古人认为立春那天的天气情况和风向，对预测当年的农业收成也是有一定规律的。这里是以每年立春那天的天气情况，其中主要是风向和立春那天的当值日干，来预测当年的农业收成，有一定道理。也可以逐年比照，只是靠天吃饭，那就好比"富贵在神天"，而且十年之内紧紧相连，这就是说天文、大气变化有一定的内在规律。每年能否风调雨顺，立春那天的当值日干很重要，如果当值日干是"甲或乙"则当年就会五谷丰登。如果当值日干是"丙或丁"，则当年会遭遇旱灾，而且是大旱灾。如果当值日干是"戊或己"，则当年的农业生产会很顺利。如果当值日干是"庚或辛"，则当年的农家人不会平静。如果当值日干是"壬或癸"，则当年会发生水灾。

# 占正旦子日吉凶

**甲子丰年丙子旱，庚子虫螟戊子乱。**
**惟有壬子水滔滔，十日无子天下便。**

## 【白话点拨】

本文所述内容，古时称为"占天术"。占天：主要是根据天文预测气象，有时也根据天象的变化预测人事的吉凶祸福。以世间的灾异或人世间的吉凶去占天道、察天意，也叫"占天"。逢甲子年，会风调雨顺，五谷丰登，一般甲子年都是"丰收之年"。逢丙子年，天气会出现大旱。逢庚子年，农业会因为虫螟之灾会欠收。逢戊子年，天下会有较乱之事出现。逢壬子年，会发大水，发生洪涝灾害。

# 月忌日

初五十四二十三，年年月月在人间。

从古至今有文字，口口相传不等闲。

无事游岩之社稷，李颜入宅丧三男。

初五犯着家长死，十四犯着自身当。

行船落水遇官事，皆因犯着二十三。

## 【白话点拨】

每月的初五日，十四日，二十三日，每年每月都存在，每月在这三个日子里，初五日要是犯着了，对家长极不利，有命丧之忧，十四日要是犯着了，自己要有灾殃。如果行船会落水，遇到官司缠身，都是因为犯着了二十三日这个忌讳。在月忌日里，不应祭祀、宴会、沐浴、整容、剃头、整手足甲、求医疗病、补垣、扫舍宇、修饰垣墙、平治道路等。

## 附：观测气象谚语

### 风

一日南风三日曝，三日南风狗钻灶。

三月西南风，秋雨落无穷。

三月南风下大雨，四月南风晒河底，五月南风当日雨。

东北风，雨祖宗。

东风多雨北风凉，东北风吹水汪汪。

北风送九九，水盖江边柳。

早晨不煞风，刮到日头中。

惊蛰不刮风，冷到五月中。

清明北风十日寒，春霜结束在眼前。

## 云

早起天无云，日出光渐明。

暮看西边明，来日定晴明。

不怕黑云长，就怕云磨响。

黑紫云如牛，狂风急如流。

黑云尾，黄云头，雹子打死羊和牛。

黄云翻，冰雹天。

黄是风，白是雨，红是雹子了不起。

棉花云，雨快临。

满天馒头云，明天雨淋淋。

勾云加白云，不遭风来也遭淋。

黄昏火烧云，明天热死人；黄昏云吃人，大雨无处躲。

云彩往西，王母娘娘披蓑衣。

白云黑云对着跑，这场雹子小不了。

月出被云淹，明日是好天。

早晨火烧云，晚上雨倾盆。

早晨云如山，必定下满湾。

早是朵朵云，下午晒死人。

早晨东云长，下雨不过晌。

早晨游云走，中午晒死狗。

红云变黑云，必定下雨淋。

红白黑云绞，雹子小不了。

西北生黑云，暴雨必形成。

早怕南云涨，晚怕北云推。

清晨宝塔云，下午雨倾盆。

## 雷雨

雨点如钱大，有雨也不下。

河里有鱼跳，大雨将要到。

狗吃草，鹊洗澡，三天下雨没有跑。

青石返潮老牛叫，时间不长雨就到。

泥鳅上下游，大雨在后头。

秋夜一片黑茫茫，保证明天雨一场。

虹穿裙子山戴帽，大雨马上就来到。

蚂蚁忙搬家，大雨定要下。

六月初一龙弹泪，新米要比旧米贵。

不怕六月六的雨，就怕七月七的风。

六月十三道不干，不是下雨就阴天。

重阳无雨看十三，十三不下一冬干。

春天旱个够，夏天淋个透。

夏天雨水大，秋天旱个怕。

烟囱不冒烟，必定要晴天。

鹰飞高空，无雨即风。

闪烁星光，雨下风狂。

东闪太阳红，西闪雨重重。

西北风，疙瘩云，忽雷闪电雹来临。

雨前刮风雨不久，雨后无风雨不停。

夜里起风夜里住，五更起风刮倒树。

七阴八下九不停，十日头上放光明。

久雨鸟雀叫，隔日好天到。

久雨泛星光，午后雨必狂。

下雨天边亮，还要下一丈。

早晨下雨天不阴，中午下雨当日晴。

早雨一天晴，晚雨到天明。

有雨天边亮，无雨顶上光。

雨中知了叫，报告晴天到。

头伏有雨，伏伏有雨。

淋了白露节，大旱十个月。

九月雷声先，大旱一百天。

雷打惊蛰前，高山好种田。

久晴响雷必大雨，久雨响雷天快晴。

不怕炸雷响破天，就怕闷雷鸡模眼。

先雷后雨雨不大，先雨后雷雨不小。

春雷十日阴，半晴半雨到清明。

雷响天边，大雨连天。

磨石雷声就地闪，倾盆大雨难保险。

下午横闪连，冰雹在眼前。

东闪空，西闪风，南闪火门开，北闪有雨来。

秋雷走的早，春雨多不了。

## 虹

断虹晚见，不明天变。

断虹早挂，有风不怕。

东虹为云，西虹为雨。

东虹日头西虹雨，南虹出来卖儿女。

西虹不过三，过三旱个干。

虹高日头低，早晚披蓑衣。

## 日

日没暗红，无雨必风。

朝日烘天，晴风必扬。

朝日烘地，细雨必至。

暮光烛天，日色连阴。

日光晴彩，久晴可待。

返照黄光，明日风狂。

日落胭脂红，不雨就有风。

日落乌云涨，夜半听雨响。

## 霜雾

雾收不起，细雨不止

三日雾，必起狂风。

一朝有霜晴不久，朝朝有霜天天晴。

六月出大雾，大旱到白露。

早晨地罩雾，尽管晒稻谷。

早雾阴，晚雾晴，黑夜一雾下到明。

早雾不过三，不下也阴天。

半夜拉起雾，正午晒死兔。

春雾日头夏雾雨，重雾三日必大雨。

秋天大雾扑人脸，当天太阳火炎炎。

雾色发白是晴兆，雾色昏沉阴连连。

霜雪又加雾，旱的受不住。

霜后暖，雪后寒，露水是晴天。

雪一九有雪，九九有雪。

小雪雪满天，来岁必丰年。

雪打正月节，二月雨不歇。

雨夹雪，不停歇。二月初一雨雪大，芒种前后有一怕。

一九二九下了雪，头伏二伏水必缺。

寒露天凉露水重，霜降转寒雪花浓。

# 附：四季气象谚语

**正月**

岁朝蒙黑四边天，大雪纷纷是旱年。
但得立春晴一日，农夫不用力耕田。

**二月**

惊蛰闻雷米似泥，春分有雨病人稀。
月中但得逢三卯，到处棉花豆麦佳。

**三月**

风雨相逢初一头，沿村瘟疫万民忧。
清明风若从南起，预报丰年大有收。

**四月**

立夏东风少病遭，时逢初八果生多。
雷鸣甲子庚辰日，定主蝗虫损稻禾。

**五月**

端阳有雨是丰年，芒种闻雷美亦然。
夏至风从西北起，瓜蔬园内受熬煎。

中国传统术数总集 第一辑

## 六月

三伏之中逢酷热，五谷田禾多不结。
此时若不见灾危，定主三冬多雨雪。

## 七月

立秋无雨甚堪忧，万物从来一半收。
处暑若逢天下雨，纵然结实也难留。

## 八月

秋分天气白云多，到处欢歌好晚禾。
最怕此时雷电闪，冬来米价道如何。

## 九月

初一飞霜侵损民，重阳无雨一冬晴。
月中火色人多病，若遇雷声菜价高。

## 十月

立冬之日怕逢壬，来岁高田枉费心。
此日更逢壬子日，灾殃预报损人民。

## 十一月

初一有风多疾病，更逢大雪有灾祸。
冬至天晴无雨色，明年定唱丰收歌。

中国传统术数总集 第一辑

# 十二月

初一东风六畜灾，倘逢大雪旱年来。
若然此日天晴好，下岁农夫能发财。

# 附：节气与气象农谚

我国是以农立国，历代乡贤老农口语，根据他们对云、雾、雷、风、雨、旱、涝、丰、歉的历久观测所得的经验，用来编造许多农谚作为终年耕种作息的依据。虽不一一应验，但亦有很高的可靠性，对从事农时和预防灾害的降临，有备无患而极有裨益。兹举我国民间有关天气之晴雨预测农谚供参考。

"初一落初二散，初三落月半。"初一如下雨初二则会放晴，初三若下雨则会下到十五。

"雨浇上元灯，日晒清明种。"上元（正月十五）若下雨，清明定放晴。

"顶看初三，下看十八，有雨继续下。"每月初三日与十八日若有雨则继续下。

"立春落雨至清明。"立春日若下雨，则直至清明这段期间雨量较多。

"春寒雨多，冬寒雨散。"春天若天气寒冷，雨水必定多，但冬天天气寒冷，雨水必稀少。

"春黑冬白，雨势泄泄。"春季满天布黑云，冬季满天布白云贝则细雨绵绵，有下不停之意。

"早春晚播田。"立春日如在上年十二月内谓之早春，若播种莫过早也不过迟，按季节行事。

"春雾曝死鬼，夏雾涨大水。"观春夏早晨之雾来卜晴雨。

中国传统术数总集 第一辑

"春南夏北，无水磨墨。"春天若吹南风，夏天若吹北风，则雨水甚少，有旱灾之虞。

"二月二打雷，稻尾较重锤。"二月初二是土地公生日，这一天若打雷，早期稻谷丰收。

"春分有雨病人稀。"春分日有雨，则当年病人就少。

"雨打五更日晒水。"即五更忽然下雨，中午必晴。

"一点雨一个灯，落到明朝也不晴。"即一点雨水一个泡，落到明天早上也不会停，而继续有雨。

"清明风若从南起，定主田禾大有收。"清明日若有南风吹，可望大丰收之年。

"三月死鱼鳅，六月风拍稻。"三月若过分酷热，水中部分泥鳅热死，象征台风及早来，六月稻谷会受其吹毁。

"四月芒种雨，五月无干土，六月火烧埔。"芒种日若下雨，则五月少有晴天，而六月则干旱无雨，酷热异常。

"西北雨，落不过田埂。"夏季常见的雷雨（骤雨）来自西北方向，愈下得快，愈停得快。

"未食五月粽，被褥不敢放。"端午节后始无寒气。

"小暑怕东风，大暑怕红霞。"小暑前后十天内，若吹东风，则有台风来袭。大暑前后早晚泛出红霞，将有台风。

"空心雷，不过午时雨。"早晨一阵雷响，中午前一定有雨。

"六月初一，一雷压九台。"六月初一日，如有雷鸣，年中则少有台风。

"六一九，无风水也哮。"六月十九日必定有风，否则必有雨。

"七一雷，一雷九台来。"七月初一日若有雷鸣，年中台风必定很多。

"夏至风从西北起，瓜菜园内受熬煎。"夏至日吹西北风，主疏菜园有歉收。

"立秋无雨最堪悲，万物从来只半收。"立秋日若无雨，万物可能不丰收。

"东闪太阳红，西闪电重重，北闪当面射，南闪闪三夜。"夏秋相交对，东闪电表无雨，西闪电连连有雨，北闪即有雨，南闪则迟迟少雨。

"雷打秋，冬半收。"立秋雷鸣，则迟禾歉收。

"好中秋，好晚稻。"中秋月明朗，晚稻丰收。

"重阳无雨一冬晴。"九月初九日若无雨，可望下半年雨量稀少。

"立冬之日怕逢壬，来岁高田枉费心。"立冬日之天干逢壬字，来年高处之田有歉收之虞。

"冬至天阴无雨色。"可望来年定唱太平歌。

"十二月南风现报。"十二月间若吹南风则马上下雨。

"大寒不寒，人马不安。"大寒日不冷，病人畜多疾。

"晨雾罩不开，戴笠披水衣。"观早晨之雾若久久不散，往往变雨，农夫下田不得不披上防水衣。

"送神风，接神雨。"十二月廿四日是送诸神上天的日子，这时若吹风则下年正月初四日接神下凡时则会下雨。

节气不等人，春日胜黄金。

年前立春过年暖，过年立春二月寒。

立春节日露，秋来水满路。

立春落雨到清明，一日落雨一日晴。

正月动雷雷转雪，二月动雷雨勿歇，三月动雷田开裂，四月动雷秧打结。

春雾霜，夏雾雷，秋雾雨，冬雾风。

雨水有雨庄稼好，大春，小春一片宝。

雨水前后，植树插柳。

正月十五雪打灯，一个谷穗打半斤。

惊蛰有雷鸣，虫蛇多成群。

惊蛰种麦堆满仓，清明种麦一把糠。

过了惊蛰节，耕地不能歇。

春分一到昼夜平，耕田保墒要先行。

春分早，立夏迟，清明种田正当时。

春分前后怕春霜，一见春霜麦苗伤。

清明麻，谷雨花，立夏点豆种芝麻。

清明有雨麦子壮，小满有雨麦头齐。

清明断雪，谷雨断霜。

清明不风，麻豆好收成。

谷雨雨不休，桑叶好饲牛；谷雨天气晴，养蚕娘子要上绳。

立夏晴，蓑衣满田塍；立夏落，蓑衣挂檐下。

立夏东南风，四十五天张鱼网。

小满满，芒种灌。

小满晴，麦穗响铃铃。

四月芒种麦割完，五月芒种麦开镰。

芒种芒种忙忙种，芒种一过白白种。

芒种火烧天，夏至雨绵绵。

芒种日下雨，不是干死泥鳅，就是烂断犁扣。

夏至十日麦秆青，小暑不割麦自亡。

夏至有雨三伏热，重阳无雨一冬晴。

夏至西北风，十个铃子九个空。

端午夏至连，高山好种田。

小暑种芝麻，头顶一盆花。

初伏有雨，伏伏有雨。

过伏不种秋，种秋也不收。

三伏有雨秋苗壮，三九有雪麦苗强。

小暑热，果豆结，小暑不热，五谷不结。

小暑起燥风，日夜好天空。

小暑一声雷，黄梅倒转回。

小暑一滴雨，遍地是黄金。

朝立秋，凉飕飕；暮立秋，热到冬。

六月立秋秋后种，七月立秋秋前种。

种暑若还天不雨，纵然结实也难收。

白露晴三日，砻（破谷取米的家具）糠变白米。

白露早，寒露迟，秋分种麦正当时。

寒露一到百草枯，薯类收藏莫迟误。

寒露蚕豆霜降麦，种了小麦种大麦。

麦怕清明连夜雨，稻怕寒露一朝霜。

重阳无雨看十三，十三无雨半冬干。

霜降不起葱，越长心越空。

立冬无雨一冬晴。

立冬晴，柴米堆得满地剩；立冬落，柴米贵似灵丹药。

立冬若遇西北风，定主来年五谷丰。

小雪雪满天，来岁必丰年。

冬至前头七朝霜，有米无砻糠。

冬至多风，寒冷年丰。

冬至天晴明，来年歌太平。

冬前霜多来年旱，冬后霜多晚禾宜。

三九不冷夏不收，三伏不热秋不收。

小寒九日雾，来年五谷富。

寒潮过后天转晴，一朝西风有霜成。

冬至雨，除夕晴；冬至晴，除夕地泥泞。

八月十五云遮月，正月十五雪打灯。

久晴大雾必雨，久雨大雾必晴。

# 柳氏家藏茔元秘诀卷下

## 茔元论

凡论茔元，先推五姓，首看殃煞之事，次选安葬之辰，或为凶葬、吉葬，乃择大通、小通，贵贱各有礼制，年月当无吉凶？

天子七月而葬于皇陵，诸侯五月乃窆于金井，大夫三月而择发，庶民，百日乃为承凶。先期而葬，谓之不坏，后期而葬，谓之怠礼，百日承凶，葬无禁忌之文，经年暴露，律有明条之罪，若满卒哭，便谓吉葬。

夫凶葬者，乃百日之内殡葬是也，不论年凶月恶，一切神煞，但于祭主年命无冲是为利也。夫吉葬者，过期百日之外是为吉葬，要择年月日时造命俱通，又看亡命、祭主并山向通利者，是为吉也。

### 【白话点拨】

茔指坟地，也叫茔地、祖茔。据记载，古时候叫墓而不叫坟，土堆高高隆起才叫坟。到周朝才立下关于坟的制度，讲究坟的高底形状。

凡是讲安葬之事，先推五音属姓，安葬的各种讲究，首看葬课殃煞等事。其次要选好下葬的时辰，即在与祭主本命无相冲、相克的吉日、吉时其是吉时的选择至关重要。

怎么叫做"凶葬"，怎么叫做"吉葬"？就是要在选择上下功夫，如"大通"年、"小通"年，下葬时的年、月、日、时，葬地的地势、方位、坐山朝向等等，都有贵贱之分，都有礼制之限。下葬选在何年、何月难道没有吉凶之分吗？

天子驾崩后，七月之内葬于皇家陵园；诸侯下世五月之内埋于金井；士大夫三月之内而下葬；庶人，即老百姓死了之后在百日内下葬也就是说是"承凶之葬"。先期而葬，是指遇到贫困人家，或死于三伏天，炎热酷暑难当，岂可久停，匆忙葬下，这叫做不壤。后期而葬，称为懒惰、松懈之礼。百日之内，承凶而葬，没有什么禁忌的条文。如果为等吉日或其它原因，使亡人长年暴露，不能入土为安，那是要有灾刑的，律例上有非常明确的条文，那是要治亡人的后辈之罪的。

所谓凶葬，即是乘凶而葬，如果死者在三日之内，旬日之内，百日之内，择日安葬，不忌年、月诸凶，不忌一切神煞，只要死者与祭主年命不相冲就是吉利。所谓吉葬，是指死者过了百日之后再安葬，叫做吉葬，要选择好年月日时，总的大原则是，好年不如好月好日好时，好日好时不如好地。此外，还要看祭主本命，亡人之命，都要俱通，不能相冲、相克，亡人墓穴朝向的选择要通利，要向着利方，这都是大吉大利的做法。

# 洪泉柳氏编注殃煞便览

谨遵莹元某姓属某音用事。

一推明故某尊灵厶相厶月厶日厶时受生。

一大相遁乃于某年某月某日某时，存某书享某岁。六道轮回，超升仙界，形当安于窀穸，今将各事宜悉陈于后。

一阳精阴魄之气，郁结而为殃煞，以月将加时，天罡、河魁临某当于厶月厶日厶时魂出厶方起高若干化为某气散之，或遇某神冲下其殃不出合宅人眷当宜避之，禳解则吉。

一大殓吉日吉时的厶四相生人临时暂避，但服孝亲人不论也。

一大殓起灵安葬不可呼唤生人姓名，忌之大吉。

一棺椁入出门户墙垣不可触突，忌之大吉。

一妊娠妇人不可临圹送丧，忌之大吉。

一孝子不可向墓上坐立，忌之大吉。

一葬后辰日不可哭泣，忌之大吉。

一推入棺镇物丝麻一缕，木炭一块，神曲一两，岁钱一岁一文，食罐一个，细抄麻纸百张，雄黄一两，乱丝半斤，鸡鸣枕一个。

一推人墓镇物竹弓长六尺，苇箭三矢，五色布五块，豆黄一斗，钱纸五百张，布瓦一个，殊砂二钱，某年某月某日选择殃示。

天子为崩皇灵，诸侯为薨金灵，大夫为卒尊灵，士庶为故之灵，和尚涅磐觉灵，尼僧庄严圆寂觉灵，道人羽化，妾为内助，宫人宫胜，媪人伸室，庶人之灵，乐人妓者梦。

## 【白话点拨】

谨遵茔元论中所讲的某姓属某音，即属宫、商、角、徵、羽五音之一，按照此种规则行事。要弄清楚故去的人，他（她）的属相，是某年、某月、某日、某时出生的。

大限：指寿数已尽，注定死亡的期限，这是迷信的说法。他（她）在某年、某月、某日、某时去世，存某书享年多少岁。六道轮回，超升仙界。这两句是指佛教的说法。亡人身体应当安放在窀穸。窀穸：指墓穴。今将各种要注意的事情都列举下来。

天地间阳精阴魄之二气，如果此二气都结为殃煞，则用月将加时，天罡、河魁临某当于某月某日某时出某方起高若干化为某气，飘散而去。或者遇到某神下，其灾殃则不会出，亡人家眷中何人应当暂且回避，把死人装进棺材。大殓选在某吉日吉时，某四相生人要暂避，但是服孝的至亲不用计较。

把亡人装进棺材，起灵安葬时不可呼唤那些活着的人的姓名，这项忌讳，避之，会大吉。

棺椁进出门户，墙垣万万不可碰着灵柩，柩：装着尸体的棺材。此项忌讳，避之大吉。

怀孕的妇女切不可到新坟墓旁送丧，此项忌讳，避之大吉。

故去之人的儿子，即孝子切不可向墓上坐立，此项忌讳，避之大吉。

故去之人下葬后，逢辰日不能哭泣，此项忌讳，避之大吉。

放入棺材内的镇物应有丝麻一缕，木炭一块，神曲一两，岁钱一文，食罐一个，细纱麻绝一百张，雄黄一两，乱丝半斤，鸡鸣枕一个。

放入墓穴内的镇物应有竹制弓箭一把，带箭头的箭三枚，五色布五块，豆黄一斗，钱张五百张，布瓦一个，殊砂二钱。这些于某年某月某日选择好了，敩示在此。

皇帝，即天子去世了，叫崩皇灵；诸侯去世了，叫薨金灵；薨：君主时代称诸侯或大官等的死。士大夫去世了，叫卒尊灵；庶民老百姓去世了，叫故之灵；和尚去了，叫涅磐觉灵；涅磐：佛教用语，指所幻想的超脱生死的境界，也用作"死"（指佛或僧人）的代称。尼姑、僧人去世了，也叫庄严圆寂觉灵。道人去世了，叫羽化。至于小妾、宫人、媪人、庶人、乐之妓者去世了，都各自有各自的讲究。

# 崩薨卒故死亡镇物　二十四节气镇物符

### 立春正月节

子：白鸡，入墓。

丑：牛皮、河水、焦谷豆、柳木人、土雀，入墓

寅：盐豆、桃仁、面鸡、青石、牛虎皮，入墓。

卯：白盐、人参、桃仁、面鸡、青石，入墓。

辰：牛豹皮、熟豆、柏子、桑枝，入墓。

巳：河水、焦谷豆、柳木人、土雀、地黄，入墓。

午：桃仁、面鸡、青石、桑根、人墓。

未

申：土牛、、桃仁、面鸡、青石，入墓。

酉：桂心、南药、桃仁、面鸡、青石，入墓。

戌：黍谷、麦面、桑根、人墓。

亥：椿枝、梨仁、桃仁、面鸡、青石，入墓。

重甲日：小函子，六庚天刑，在宅棺下，入墓棺。

复庚日：机根木，棺内。

角音：猪肉，人墓。

庚申日：柏木人，人墓。

平收：猪脂，入墓。

戊己：铜钱、豆黄、脯肉，入墓。

己亥：泥人、甘草、桑根，入棺。

房虚昴星：生铁、铜钱，入棺。

岁后三辰：桑白皮，入墓。

## 【白话点拨】

一年有二十四个节气，计十二个节，十二个气。

十二个节为正月的立春，二月的惊蛰，三月的清明，四月的立夏，五月的芒种，六月的小暑，七月的立秋，八月的白露，九月的寒露，十月的立冬，十一月的大雪，十二月的小寒。

十二个气为正月的雨水，二月的春分，三月的谷雨，四月的小满，五月的夏至，六月的大暑，七月的处暑，八月的秋分，九月的霜降，十月的：小雪，十一月的冬至，十二月的大寒。

节气的排列是采用穿插式，故一个月之内有一节一气。

立春是在农历正月，属于二十四节气中十二节之一。

子日用白鸡当作镇物，入墓穴为吉。

丑日用牛皮、河水、焦谷豆、柳木人、土雀等当作镇物，入墓穴为吉。

寅日用盐豆、桃仁、面鸡、青石、牛虎皮等当作镇物，入墓穴为吉。

卯日用白盐、人参、桃仁、面鸡、青石等当作镇物，入墓穴为吉。

辰日用牛豹皮、熟豆、柏子、桑枝等当作镇物，入墓穴为吉。

巳日用河水、焦谷豆、柳木人、土雀、地黄等当作镇物，入墓穴为吉

午日用桃仁、面鸡、青石、桑根等当作镇物，入墓穴为吉。

未日用何物当镇物，原文不详。

申日用土牛、桃仁、面鸡、青石等当作镇物，入墓穴为吉。

酉日用桂心、南药、桃仁、面鸡、青石等当作镇物，入墓穴为吉。

戌日用黍谷、一麦面、桑根等当作镇物，入墓穴为吉。

亥日用椿枝、梨仁、桃仁、面鸡、青石等当作镇物，入墓穴为吉。

重甲日用小函子在黄纸上用殊砂写"六庚天刑"贴在砖石上，入棺封内当作镇物，为吉。

复庚日用机根木，放棺内当作镇物，为吉。

亡人姓氏属角音的，用猪肉当作镇物，入墓穴为吉。

庚申日用柏木人当作镇物，入墓穴为吉。

寅辰灵前土替入袋子棺内。

平日、收日用猪脂当作镇物入墓穴为吉，戊日、己日用铜钱、豆黄、脯肉等当作镇物，入墓穴为吉。己亥日用泥人、甘草、桑根等当作镇入棺内为吉。逢房星、虚星、昴星值日，用生铁、铜钱当作镇物放入棺内为吉，岁后三辰，用桑枝当作镇物，入墓穴为吉。

## 惊蛰二月节

子：白盐、人参，入墓。

丑：牛豹皮、河水、焦谷豆、柳木人、上仁、熟小豆、柏水、桃仁、面鸡、青石，入墓。

寅

卯：牛虎皮、桑皮，入墓。

辰：桃仁、面鸡、青石，入墓。

巳：河水、焦谷豆、柳木人、土雀、桃仁、面鸡、青石、桑枝，入墓。

午

未：麦面、黍谷豆、牛皮，入穴。

申：马蹄、秋木人、桃仁、面鸡、青石，入墓。

酉：白鸡、土牛、桂心、南药，入穴。

戌：牛皮、桃仁、面鸡、青石，入墓。

亥：盐鼓、桃仁、面鸡、青石、地黄、桑枝，入墓：

重乙日：小函子，六辛天庭，在宅棺下，入墓棺上。

复辛日：机根木，人棺。

庚申日：木人，入墓。

宫、羽音：猪肉，入墓。

庚申日：柏木人、入墓。

己亥同前，房虚同前，戊己同前，平收同前，岁后同前。

## 【白话点拨】

惊蛰是在农历二月，属于二十四节气中十二节之一。

子日用白盐、人参等当作镇物，入墓穴为吉。

丑日用熟小豆、柏水、桃仁、面鸡、青石、牛豹皮、河水、焦谷豆、柳木人上仁等当作真物，入墓穴为吉。

寅日用何物当作镇物，不详。

卯日用牛虎皮、桑皮等当作镇物，入墓穴为吉。

辰日用桃仁、面鸡、青石等当作镇物，入墓穴为吉。

巳日用河水、焦谷豆、柳木人、土雀、桃仁、面鸡、青石、桑技等当作镇物，入墓穴为吉。

午日用何物当作镇物，不详。

未日用麦面、黍谷豆、牛皮等当作镇物，入墓穴为吉。

申日用马蹄、秋木人、桃仁、面鸡、青石等当作镇物，入墓穴为吉。

酉日用白鸡、土牛、桂心、南药等当作镇物，入墓穴为吉。

戌日用牛皮、桃仁、面鸡、青石等当作镇物，入墓穴为吉。

亥日用盐鼓、桃仁、面鸡、青石、地黄、桑枝等当作镇物，入墓穴为吉。

重乙日用小函子。"六辛天庭"在黄纸上用殊砂写上，贴在砖头上，放在宅棺之下，入墓棺之上即可。

复辛日用机根木，入棺材内为吉。

庚申日用木人当作镇物，入墓穴为吉。

亡人姓氏属宫音或羽音的，用猪肉当作镇物，入墓穴为吉。

庚申日用柏木人作镇物，入墓穴为吉。

己亥同前，房虚同前，戊己同前，平收同前。岁后同前。

## 清明三月节

子：桃仁、面鸡、青石、桑枝，入穴。

丑：河水、焦谷豆、柳木人、土雀、桃仁、面鸡、青石，入墓。

寅：用何物，不详

卯：桃仁、面鸡、青石，入墓。

辰：牛虎皮、黍谷豆、麦面，人墓。

巳：马蹄、秋木仁、河水、焦谷豆、柳木人、土雀，入墓。

午：白鸡、桃仁、面鸡、青石、地黄、桑枝，入墓。

未：牛皮、桃仁、面鸡、青石，人墓。

申：盐豆，入墓。

酉：白盐、人参、桂心、桑枝、南药，入穴。

戌：牛豹皮、土牛、熟小豆、柏子、桃仁、面鸡、青石，入墓。

亥日：用何物，不详

重戊日：小函子，六庚天刑，在宅棺下，人墓棺上。

复己日：机根木，人棺。

商音：猪肉，角音：生铁，人墓。

庚申日：柏木人，人墓。

己亥同前，房虚同前，戊己同前，平收同前，岁后同前。

## 【白话点拨】

清明是在农历三月，属于二十四节气中十二节之一。

子日用桃仁、面鸡、青石、桑枝等当作镇物，入墓穴为吉。

丑日用河水、焦谷豆、柳木人、土雀、桃仁、面鸡、青石等当作镇物，入墓穴为吉。

寅日用何物，不详。

卯日用桃仁、面鸡、青石等当作镇物，入墓穴为吉。

辰日用牛虎皮、黍谷豆、麦面等当作镇物，入墓穴为吉。

巳日用马蹄、秋木仁、河水、焦谷豆、柳木人、土雀等当作镇物，入墓穴为吉。

午日用白鸡、桃仁、面鸡、青石、地黄、桑枝等物当作镇物，入墓穴为吉。

未日用牛皮、桃仁、面鸡、青石等当作镇物，入墓穴为吉。

申日用盐豆当作镇物，入墓穴为吉。

酉日用白盐、人参、桂心、桑枝、南药等当作镇物，入墓穴为吉。

戌日用牛豹皮、土牛、熟小豆、柏子、桃仁、面鸡、青石等当作镇物，入墓穴为吉。

亥日用何物，不详。

重戌日，用小函子，用"六庚天刑"四字，在黄纸上，用硃砂写上，贴在砖头上，放在宅棺下面，入墓棺上面即可。

复己日，用机根木放入棺内，为吉。

亡人姓氏属商音的，用猪肉当作镇物，入墓穴为吉。

亡人姓氏属角音的，用生铁当作镇物，入墓穴为吉。

庚申日，用柏木人当作镇物，入墓穴为吉。

己亥同前，房虚同前，戊己同前，平收同前，岁后同前。

以下二十四节气镇符同上，不在此一一说明

## 立夏四月节

子：桂心、桃仁、面鸡、青石、地黄、桑枝、南药，人穴。

丑：麦面、黍豆，人墓。

寅：椿枝、秋木人、桃仁、面鸡、青石，人墓。

卯：白鸡、桃仁、面鸡、青石，人墓。

辰：牛皮、河水、焦谷豆、柳木人、土雀，人墓。

巳：盐豆、桃仁、面鸡、青石、牛虎皮，人墓。

午：白盐、人参，人墓。

未：牛豹皮、熟小豆、柏子，人墓。

申：河水、焦谷豆、柳木人、土雀、桃仁、面鸡、青石，人墓。

酉：桃仁、面鸡、青石，人墓。

戌

亥：土牛，人墓。

重丙日：小函子，六壬天辛，在宅棺下，人墓棺上。

复壬日：机根木，人棺。

壬子日：柏木人，人墓。

徵音：猪肉，人墓。

己亥同前，房虚同前，戊己同前，平收同前，岁后同前。

## 芒种五月节

子：白鸡、土牛、桂心、南药，入墓。

丑：牛皮，入墓。

寅：盐豆、人参、桃仁、面鸡、青石，入墓。

卯：白盐、熟小豆、柏子，入墓。

辰：河水、焦谷豆、桃木人、面鸡、土雀、青石、桃仁，入墓。

巳：桃仁、面鸡、青石，入墓。

午：牛豹皮，入墓。

未：桃仁、面鸡、青石、地黄，入墓。

申：河水、焦谷豆、柳木人，入墓。

酉：麦面、黍谷豆，入墓。

戌：桃仁、面鸡、青石，入墓。

亥：椿枝、秋木人、桃仁、面鸡、青石、人参，入墓。

重丁日：小函子，六癸天狱，在宅棺下，入墓棺上。

复癸日：机根木，入墓。

角音：猪肉，入墓。

壬子日：柏木入，入墓。

己亥同前，房虚同前，戊己同前，平收同前，岁后同前。


## 小暑六月节

子：白盐、桂心、熟小豆、柏子、桃仁、面鸡、青石、南药，入墓。

丑：牛豹皮、土牛、地黄、桃仁、面鸡、青石，入墓。

寅

卯：桑枝，入墓。

辰：河水、谷豆、柳木人、土雀、桃仁、青石、面鸡，·入墓。

巳

午：桃仁、面鸡、青石、黍谷豆、麦面，入墓。

未：牛虎皮、面鸡、桃仁、青石，入墓。

申：椿枝、秋木人、河水、焦谷豆、柳木人、土雀、人参，入穴。

酉：白鸡、桃仁、面鸡、青石，入墓。

戌：牛皮，入墓。

亥：盐豆、人参，入墓。

重己日：小函子，六庚天刑，在宅棺上，入墓。

复戌日：机根木，入棺。

宫、羽音：猪肉，徵音：生铁、猪肉，入墓。

壬子日：柏木人，入墓。

已亥同前，房虚同前，戊己同前，平收同前，岁后同前。

## 立秋七月节

子

丑

寅：土牛、桃仁、面鸡、青石，入墓。

卯：桃仁、面鸡、青石、桂心、南药、黍谷豆、麦面，入穴。

辰：桑枝，入墓。

巳：椿枝、秋木人、人参，入穴。

午：白鸡、桃仁、面鸡、青石，入墓。

未：河水、焦谷豆、柳木人、土雀、牛皮，入墓。

申：盐豉、牛虎皮、人参、桃仁、面鸡、青石、野花，入墓。

酉：白盐、熟小豆、柏子、桃仁、面鸡、青石，入墓。

戌：桑枝、牛虎皮，入墓。

亥：河水、焦谷豆、柳木人、土雀、桃仁、面鸡、青石，
入墓。

重庚日：小函子，六甲天福，在宅棺下，入墓棺上。

复甲日：机根木，入棺。

宫、羽、商音：猪肉，入墓。

甲寅日：柏木人，入墓。

已亥同前，房虚同前，戊己同前，平收同前，岁后同前。

## 白露八月节

子：麦面、黍谷豆，入墓。

丑：桃仁面鸡、青石、人参，入穴。

寅：椿枝、秋木人，入墓。

卯：白鸡、土牛、桂心、南药，入穴。

辰：牛皮、桃仁、面鸡、青石，入墓。

巳：盐豆、人参、桃仁、面鸡、青石、桑根，入墓。

午：白盐、熟小豆、柏子，入墓。

未：牛豹皮、河水、焦谷豆、柳木人、土雀，入墓。

申：桃仁、面鸡、青石，入墓。

酉：地黄、牛豹皮，入墓。

戌：桃仁、面鸡、青石，入墓。

亥：河水焦谷豆、柳木人、土雀、桃仁、面鸡、青石、桑根，入穴。

重辛日：小函子，六乙天德，在宅棺下，入棺墓上。

复己日：机根木，入棺。

甲寅日：柏木人，入墓。

己亥同前，房虚同前，戊己同前，平收同前，岁后同前。

## 寒露九月节

子：白鸡、桑枝、桃仁、面鸡、青石，入墓。

丑：牛皮、人参、桃仁、面鸡、青石，入墓。

寅：盐豆、熟小豆、柏子，入墓。

卯：白盐、桂心、桃仁、面鸡、南药、青石，入墓。

辰：牛豹皮、土牛、地黄，入墓。

巳

午：桃仁、面鸡、青石、桑枝，入墓。

未：河水、焦谷豆、柳木人、土雀、桃仁、面鸡、青石，入墓。

申：黍谷豆、麦面，入穴。

酉

戌：牛豹皮、桃仁、青石、面鸡、人参，入穴。

亥：椿枝、秋木人、河水、焦谷豆、柳木人、土雀，入墓。

重戊日：小函子，六庚天刑，在宅棺下，人穴棺上。

复壬日：机根木，入棺。

角音：猪肉，商音：生铁，入墓。

甲寅日：柏木人，人墓。

己亥同前，房虚同前，戊己同前，平收同前，岁后同前。

## 大雪十一月节

子：牛虎皮，入穴。

丑：

寅：河水、焦谷豆、柳木人、黍谷豆、麦面、桃仁、面鸡、青石、人参，入穴。

卯

辰：桃仁、面鸡、青石，入墓。

巳：椿枝、秋木人、桃仁、面鸡、青石，入穴。

午：土牛、白鸡、桂心、南药，入穴。

未：牛皮、人参、桃仁、面鸡、青石，入穴。

申：盐豆、熟小豆、柏子、牛皮，入穴。

酉：白盐、桑根，入墓。

戌：牛豹皮、河水、焦谷豆、柳木人、土雀、桃仁、面鸡、青石，入穴。

亥：桃仁、面鸡、地黄、青石，入墓。

重癸日：小函子，六丁天阴，在宅棺下，入墓棺上。

复丁日：机根木，入棺。一丙午日：柏木人，入墓。

己亥同前，房虚同前，戊己同前，平收同前，岁后同前。

## 小寒十二月节

子：桃仁、面鸡、青石、桑枝，入穴。

丑：桃仁、面鸡、青石、牛虎皮，入穴。

寅：椿枝、秋木人、河水、焦谷豆、柳木人、土雀，入墓。

卯：白鸡，入墓。

辰：牛皮、人参、桃仁、面鸡、青石，入墓。

巳：盐鼓、熟小豆、柏子，入墓。

午：白盐、桂心、地黄桃仁、面鸡、青石、南药，入穴。

未：牛豹皮、土牛、桃仁、青石，入穴。

申

酉：桃仁、面鸡、青石、桑枝，入墓。

戌：河水、焦谷豆、柳木人、土雀，入墓。

亥：麦面、黍谷豆，入墓。

重己日：小函子，六庚天刑，在宅棺下，入穴棺上。

复戌日：机根木，入棺。

宫、羽音：生铁，徵音：猪肉，入墓。

丙午日：柏木人，入墓。

己亥同前，房虚同前，戊己同前，平收同前，岁后同前。


# 镇物符


凡六十甲子日亡者，有内妨外妨人口，用布瓦一个，土书死日，合用灵符，安镇墓内，大吉。

甲子日死卒病患，若死尸不僵在外得病，眼不合，口不闭，回头东北下死，主内妨三口，外妨东北下人家一人，合用白杨木人三个，青绢八寸东北埋之，大吉。

甲戌日死者内妨二口，用赤桐木人二个，长五寸随丧镇之，大吉。

甲申日死者，内妨小儿十口，至用纸人一个，丢在井中，大吉。

甲子日<br>甲申日待<br>甲戌日

## 【白话点拨】

如果有人在甲子那天死去，有内妨、外妨宅内人口之忧之患。应该用布瓦一个，上面写上亡人的去世的日子，再用灵符当镇物，一同安放在墓内，会大大吉利。

如果有人在甲子日去世，此人属于因病患而亡，如果死者的尸体不僵，依然有温度，或在外得的大病而亡。亡后眼闭不上，口不闭着，在东方方向死去，这种情况是要内妨三口，外妨东北方向的宅内人，应用白杨木刻成人形状，用三个这样的白杨木人，用八寸青绢抱着，埋在亡人墓穴东北方，大吉。

如果有人在甲戌日去世，此死者要内妨二口入，应该用赤桐木刻成个木人，用这样的赤桐木人二个，每个长五寸，放在棺材内，随丧而镇，大吉。

如果有人在甲申日去世，此死者要内妨小儿十口，应该用纸人一个，丢在井中，大吉。

如果有人在甲子日、甲申日、甲戌日去世，为避去灾殃，可用符来镇之，符如图：

甲寅日死者，不出九十日，内妨三口，用古城土作泥人三个，埋月空方，大吉。

甲辰日死者，不出九十日，内妨二口，用青杨木人二个，埋东南路上，大吉。

## 【白话点拨】

如果有人在甲寅日死去，不出三月，即不出九十天，要内妨三口人，破解这种极为不利的情况，应该用古城墙的土制作泥人三个，埋在月空方，才能大吉。

如果有人在甲辰日去世，不出三个月，即不出九十天内，要内妨二口人，破解这种不利情况，要用青杨木刻成木人；然后用青杨木人二个，埋在东南路上，大吉。

如果有人在甲午日、甲寅日、甲辰日去世，为避去灾殃，可用符来镇之，符如右：

庚午日，用白杨木人一个，随丧大吉。

庚寅日，用槐木人二个，青布一尺二寸，同埋贵地，大吉。

庚子日，用柏木人三个，烧灰灶内西南三日合用殊砂，埋月空，大吉。

庚申日，妨二口，用白杨木人三个，埋十字路西南，吉。又用白绿绢二尺，埋月空，大吉。

右六庚申日，十二月、正、七月六甲天福。

## 【白话点拨】

如果有人在庚午日死去，可用白杨木刻成木人，用这样的白杨木人一个，随棺柩埋下，大吉。

如果有人在庚寅日死去，可用槐木刻成两个木人，再用青布一尺二寸，一同埋在庚地，大吉。

庚地：在正西方与西南方之间的地方。

如果有人在庚子日死去，可用柏木刻成三个木人，用这样的柏木人三个，再用三日内锅底灰和朱砂一起埋在月空方，大吉。

如果有人在庚申日死去，要内妨二口人，为避去灾殃，可用白杨木刻成木人三个，埋十字路西南，吉利。再用白绿绢二尺，埋月空方，大吉。

如果有人在庚子日、庚寅日、庚辰日、庚申日、庚午日、庚戌日去世，为避去灾殃，还可用符来镇之，符如下（左图）：

乙丑乙巳
乙卯乙未符奉
乙酉

庚子庚寅
庚辰庚申符
庚午庚戌

乙丑日，用杨木人三个，纸人一个，埋月空亥土，大吉。乙亥日，用天德水三升，青绢一尺，埋于地，吉。

乙酉日，用柏木人一个，朱砂一个，埋西地，吉。

乙未日，用青木人一个，青绢二尺，埋东南方路上，大吉。

## 【白话点拨】

如果有人在乙丑日去世，可用杨木刻成木人三个，用白纸做成纸人一个，一同埋在月空方亥土位，大吉。

如果有人在乙亥日去世，可用天德水三升，青绢一尺，埋于地下，吉利。

如果有人在乙酉日去世，可用柏木刻成人，用这样的柏木人一个，和殊砂一个，一同埋在酉方之地，大吉。酉方：即正西方。

如果有人在乙未日去世，为避去灾殃，可用青木刻成木人，再用这样的青杨木人一个，青绢二尺，埋在东南方路上，大吉。

如果有人在乙巳日、乙卯日、乙未日、乙丑日、乙酉日、乙亥日去世，为避去灾殃，还可用符来镇之，符如上（右图）：

辛巳日，用桑木人二个，烧纸埋灶内，西北六精沉香洒之，大吉。

辛卯日，用椒木人二个，白布二尺，埋月空，大吉。

辛酉日，用枣木人二个，埋十字路口，大吉。

右乙辛日书六乙天德，六辛天庭。

## 【白话点拨】

如果有人在辛巳日去世：为避去灾殃，可用桑木刻成木人，用这样的桑本人二个，和烧纸一起埋在灶台下方，在宅地的西北用六精、沉香洒一遍，大吉。

如果有人在辛卯日去世，为避去灾殃，可用椒木刻成木人，用这样的椒木人二个，白布二尺，埋月空方，大吉。

如果有人在辛酉日去世，可用枣木刻成木人，用这样的黍木人二个，埋在十字路口，大吉。

如果有人在辛丑日去世，为避去灾殃，可用符来镇之，符如右图：

如果有人在辛亥日、癸亥日、己亥日、乙亥日、丁亥日去世，为避去灾殃，

可用符来镇之，符如上右：

丙子日，用河水、城土作人二个，埋南方十字路口巳地，大吉。

丙申日，用白杨木人三个，红绢一尺，殊砂一个，东南路上，吉。

丙午日，用赤桐木人三个，井花水一升，埋灶内西南方，桃仁三个，埋东南角，大吉。

## 【白话点拨】

如果有人在丙子日去世，为避去灾殃，可用河里的水，用城墙土做成泥人，用这样的泥人二个，埋宅内南方十字路口巳地处，大吉。

如果有人在丙申日去世，可用白杨木刻成木人，用这样的白杨木人三个，红绢一尺，殊砂一个，一同埋在东南路上，吉利。

如果有人在丙午日去世，为避去灾殃，可用赤桐木刻成木人，用这样的赤铜木人三个，井花水一升，灶内西南方，再用桃仁三个，埋在东南角，大吉。

如果有人在丙申日、丙子日、丙辰日、丙寅日、丙午日、丙戌日、去世，为避去灾殃，可用符来镇之，符如右图：

壬戌日，用筋一双，埋十字路口吉。

壬午日，用白杨木人三个，青绢一尺二寸，埋正北方，大利。

壬辰日，用桑木人一个，埋壬地，吉。

## 【白话点拨】

如果有人在壬戌日去世，为避去灾殃，可用筋一双，埋在十字路口，吉。

如果有人在壬午日去世，可用白杨木刻成木人，用这样的白杨木人三个，青绢一尺二寸，埋在宅的正北方，大吉利利。

如果有人在壬辰日去世，可用桑木刻成木人，用这样的桑木人一个，埋壬地：指正北方和西北方之间的地方。

如果有人在。

壬申日、壬子日、壬辰日，壬寅日、壬午日、壬戌日

去世，为避去灾殃，还可用符来镇之，符如右图：

丁酉日，用桃仁人三十个，红绢三尺，清酒一升，埋停灵处，大吉。

丁巳日，用白杨木人二个，埋大门内，纸人一个，绢一尺，送东南路上，吉。

## 【白话点拨】

如果有人在丁酉日去世，为避去灾殃，可用桃仁人三十个，红绢三尺，清酒一升，一同埋在停灵处，大吉。

如果有人在丁巳日去世，为避去灾殃，可用白杨木刻成木人，用这样的白杨木人二个，埋在大门以内。再用纸人一个，绢一尺，一同送到东南路上，吉。

如果有人在丁巳日、丁酉日、丁卯日、丁丑日、丁未日。去世，为避去灾殃，还可用符来镇之，符如右图：

丁巳丁卯丁丑符
丁酉丁未

中国传统术数总集 第一辑

癸未日，用桃木人一个，天德土作人一个，同埋月空，吉。

癸巳日，用柏木人一个，埋癸地，青杨木、金精石，同埋巳地，吉。

癸丑日，用纸人二个，埋灶内，大吉。

### 【白话点拨】

如果有人在癸未日去世，为避去灾殃，可用树根木刻成木人，用这样的根木人一个，再用天德土制成泥人一个，一同埋在月空方，大吉。

如果有人在癸巳日去世，为避去灾殃，可用柏木刻成木人，用这样的柏木人一个，埋在癸地即可，再用青杨木、金精石，同埋在巳地，大吉。

癸地：指正北方与东北方之间的地方。

巳地：正中央的地方。

如果有人在癸丑日去世，为避去灾殃，可用纸人二个，埋灶内，大吉。

如果有人在癸巳日、癸酉日、癸未日、癸丑日、癸卯日去世，为避去灾殃，还可用符来镇之，符如右图：

戊寅日，用白绢一尺，埋庚地，东南邻家。

用木香、乳香埋中宫，祭之大吉。

## 【白话点拨】

如果有人在戊寅日去世，为避去灾殃，可用白绢一尺，埋在庚地，东南方的邻家。

用木香、乳香埋在中宫方位，来祭奠，大吉。

庚地：正西方与西南方之间的地方。

如果有人在戊寅日去世，还可用布瓦符来镇之。

如果有人在戊辰日、戊午日、戊申日、戊戌日去世，还可用符来镇之，符如右图：

戊寅日布瓦符

己卯日，用木香人一个，随丧镇之。

西南又用金精杨运右避殃煞，埋大门下大吉。

戊子日，用白杨木人一个，绢一尺，埋卯地，大吉。

己丑日，用酒三升，祭玉皇，大吉，埋天地前，酒三开，大吉。

亥日，用酒德土土作泥人二个，埋坤地，大吉。

## 【白话点拨】

如果有人在己卯日去世，为避去灾殃，可用木香刻成人，用这样的木香人一个，随灵柩下葬，这叫随丧镇之。

如果有人在戊子日去世，为避殃煞，可用白杨木刻成人，用这样的白杨木人一个，绢一尺，埋在卯地，大吉。

如果有人在己丑日去世，为避殃煞，可用酒三升，祭记玉皇，大吉。

卯地：指正东方。

埋天地前，酒三升，大吉。

如果有人在己亥日去世，为避殃煞，可用土制作泥人二个，埋在坤地，可大吉。

坤地：指西南方。

如果有人在己巳日、己卯日、己丑日、己未日去世，为避殃煞，还可用符来镇之，符如右图：

# 墓呼日

　　亡人若犯墓呼日，所犯神来人墓辰。
　　辰戌丑未为四墓，可用板砖原一分。
　　长是七寸人形相，殊书某方呼柏人。
　　某方柏人可来应，依法镇之永无凶。
　　月将但加死时行，掌上顺去墓中寻。
　　亡人生相人何墓，须看呼唤哪方人。
　　亡人本命落辰上北方，柏人呼东方柏人应。
　　亡人本命落戌上西方，柏人呼东方柏人应。
　　亡人本命落丑上北方，柏人呼东方柏人应。
　　亡人本命落未上南方，柏人呼北方柏人应。

## 【白话点拨】

　　墓呼日，也叫木呼日。亡人如果犯着了墓呼日，相应所犯的凶神会入墓辰，辰、戌、丑、未为四入墓，可用。如遏不可用的，要采取镇法。用木头做成长七寸的人形木人，上用朱砂写上某方呼柏人。这样某方柏人就可来应，依照法来镇，就永远不会有凶殃。如果亡人本命落在戌上西方，柏人会应。如果亡人本命在丑上北方，柏人呼东方，柏人会应。如果亡人本命落在未上南方，柏人呼北方，柏人会应。

# 禳重丧法

　　正、三、六、九、十二月，书：六庚天刑。

二月，书：六辛天庭。

四月，书：六壬天牢。

五月，书：六癸天狱。

七月，书：六甲天福。

十月，书：六丙天威。

十一月，书：六丁太阴。

## 【白话点拨】

禳重丧：破解魔魅的一种道术。用白纸做成一个纸匣子，在黄纸上用朱砂写上四个红字。然后放进纸匣子内，再放棺椁上，一同下葬大吉。这里的"天刑"、"天建"、"天牢"、"天狱"、"天福"、"天德"、"天成"、"天阴"，皆为善神，这种方法是以善神驱除凶神。六庚：是对六个以庚开头的干支数的概称，"六辛"、"六壬"等下同。在正月、三月、六月、九月、十二月，用朱砂书写六庚天刑。在二月书用朱砂书写：六辛天庭。在四月书写：六壬天牢。在五月书写：六癸天狱。在七月用朱砂书写：六甲天福。在十月用朱砂书写：六丙天威。在十一月用朱砂书写：六丁太阴。

# 逐日入棺吉时

| 子 | 丑 | 寅 | 卯 | 辰 | 巳 |
|---|---|---|---|---|---|
| 甲庚 | 乙辛 | 己癸 | 丙壬 | 丁甲 | 乙庚 |

| 午 | 未 | 申 | 酉 | 戌 | 亥 |
|---|---|---|---|---|---|
| 丁癸 | 乙辛 | 甲癸 | 庚壬 | 丁壬 | 乙辛 |

但凡人入棺，须依此时方吉。

子日用甲庚时，丑日用乙辛时，寅日用丁癸时，卯日用丙壬时，辰日用癸未时，巳日用癸酉时，午日用乙庚时，未日用丁癸时，申日用乙辛对，酉日用甲癸时，戌日用丁壬时，亥日用庚壬时，亥日用乙辛时，凡是亡人入棺，依以上吉时即可。

# 太岁后二辰

| 年 | 寅 | 卯 | 辰 | 巳 | 午 | 未 | 申 | 酉 | 戌 | 亥 | 子 | 丑 |
| 日 | 子 | 丑 | 寅 | 卯 | 辰 | 巳 | 午 | 未 | 申 | 酉 | 戌 | 亥 |

## 【白话点拨】

| 年 | 寅 | 卯 | 辰 | 巳 | 午 | 未 | 申 | 酉 | 戌 | 亥 | 子 | 丑 |
|---|---|---|---|---|---|---|---|---|---|---|---|---|
| 日 | 子 | 丑 | 寅 | 卯 | 辰 | 巳 | 午 | 未 | 申 | 酉 | 戌 | 亥 |

寅年的子日为太岁后二辰，帮年的丑日为太岁后二辰，辰年的寅日为太岁后二辰，巳年的卯日为太岁后二辰，午年的辰日为太岁后二辰，未年的巳日为太岁后二展，申年的午日为太岁后二辰，酉年的未日为太岁后二辰，戌年的申日为太岁后二辰，亥年的酉日为太岁后二辰，子年的戌日为太岁后二辰，丑年的亥日为太岁后二辰。

# 天月日

初二、十二、二十三及痨病而死者，宜锯断门限出丧。

## 【白话点拨】

有人在每月的初二、十二日、二十三日这三个日子里去世，或因得痨病而死的，应该用锯子锯断门槛再出丧。

# 逐月三十日镇

初一日，黄土一升，埋庭内。

初二日，黄沙石一斗，埋庭内。

初三日，用清酒一升，埋艮方。

初四日，五木炭各一斤，埋艮方。

初五日，黄沙土一斗，埋子位。

初六日，井花水五升。

初七日，井花水七斤，舍北。

初八日，五木炭一斤，舍午。

初九日，木炭一斤，黄土一斗，舍南。

初十日，五木炭一斤，舍西。

十一日，水银二两，埋舍北。

十二日，水银二两，黄米一升，埋舍北。

十三日，黄米作饭，洒之。

十四日，生铁一斤，埋停处。

十五日，木瓜三枚，埋停处。

十六日，木瓜三枚，埋停处。

十七日，桃木东南枝，灵处。

十八日，赤桐七斗，木瓜三枚，埋舍午。

十九日，门上三升土，埋舍北。

二十日，五木炭一斤，埋舍坤。

二十一日，生铁一斤，舍西。

二十二日，铜钱一斤，埋舍坎。

二十三日，生铁一斤，埋舍北。

二十四日，五木炭，舍午。

二十五日，木炭一斤，舍午。

二十六日，生铁一斤，埋舍北。

二十七日，木炭一斤，舍午。

二十八日，黄豆一斗，木炭一斤，埋舍北。

二十九日，井花水五升，舍北。

三十日，井花水五升，舍北。

## 【白话点拨】

每月逢初一，用黄土一升，埋在门庭内。

每月逢初二，这一天用黄沙石一斗，埋在门庭内。

每月逢初三，这一天用清酒一升，埋在艮方，即庭内东北万。

每月逢初四，这一天用五木炭各一斤，埋在东北万。

每月逢初五，这天用黄沙土一斗，埋在正北万。

每月逢初六，这一天用井花水五升。

每月逢初七，这一天用井花水七斤，埋在房舍正北方。

每月逢初八，这一天用五木炭一斤，埋在厉舍午万。

每月逢初九，这一天用木炭一斤，黄土一斗，埋在房舍正南方。

每月逢初十，这一天用五木炭一斤，埋在房舍正西方。

每月逢十一日，这一天用水银二两，埋在房舍正北方。

每月逢十二日，这一天用水银二两，黄米一升，埋在房舍正北方。

每月逢十三日，这一天用黄米做干饭，洒在停枢处。

每月逢十四日，这一天用生铁一斤，埋在停枢处。

每月逢十五日，这一天用木瓜三枚，埋在停枢处。

每月逢十六日，这一天用木瓜三枚，埋在停枢处。

每月逢十七日，这一天用桃木东南枝，放在亡人灵位处。

每月逢十八日，这一天用赤桐七斗，木瓜三枚埋在房舍正南位。

每月逢十九日，这一天用门上土三升，埋在房舍正北方。

每月逢二十日，这一天用五木炭一斤，埋在房舍的坤位，即房舍的西南方。

每月逢二十一日，这一天用生铁一斤，埋在房舍的正西方。

每月逢二十二日，这一天用铜钱一斤，埋在房舍的坎方，即正北方。

每月逢二十三日，这一天用生铁一斤，埋在房舍的正北方。

每月逢二十四日，这一天用五木炭一斤，埋在房舍的正南方。

每月逢二十五日，这一天用木炭一斤，埋在房舍的正南方。

每月逢二十六日，这一天用生铁一斤，埋在房舍的正北方。

每月逢二十七日，这一天用木炭一斤，埋在房舍的正南方。

每月逢二十八日，这一天用黄豆一斗，木炭一斤，埋在房舍的正北方。

每月逢二十九日，这一天用井花水五升，埋在房舍的正北方。

每月逢三十日，这一天用井花水五升，埋在房舍的正北方。

# 神煞杂镇（横看）

## 镇物重丧

| 正 | 二 | 三 | 四 | 五 | 六 | 七 | 八 | 九 | 十 | 十一 | 十二 |
|---|---|---|---|---|---|---|---|---|---|---|---|
| 亥 | 申 | 巳 | 寅 | 亥 | 申 | 巳 | 寅 | 亥 | 申 | 巳 | 寅 |

宜用马蹄四枚，椿枝代之，秋木人四个人墓。

天煞

| 正 | 二 | 三 | 四 | 五 | 六 | 七 | 八 | 九 | 十 | 十一 | 十二 |
|---|---|---|---|---|---|---|---|---|---|---|---|
| 子 | 酉 | 午 | 卯 | 子 | 酉 | 午 | 卯 | 子 | 酉 | 午 | 卯 |

白鸡一支，拔毛代之入墓。

岁煞

| 正 | 二 | 三 | 四 | 五 | 六 | 七 | 八 | 九 | 十 | 十一 | 十二 |
|---|---|---|---|---|---|---|---|---|---|---|---|
| 丑 | 未 | 申 | 辰 | 丑 | 未 | 申 | 辰 | 丑 | 未 | 申 | 辰 |
| 丑 | 戌 | 未 | 辰 | 丑 | 未 | 庚 | 辰 | 丑 | 未 | 戌 | 辰 |

黄牛皮一两入墓，或入棺内。

月煞

| 正 | 二 | 三 | 四 | 五 | 六 | 七 | 八 | 九 | 十 | 十一 | 十二 |
|---|---|---|---|---|---|---|---|---|---|---|---|
| 寅 | 亥 | 申 | 巳 | 寅 | 亥 | 申 | 巳 | 寅 | 亥 | 申 | 巳 |

盐豆五升，安埏道前，系棺脚头是也。

日煞

| 正 | 二 | 三 | 四 | 五 | 六 | 七 | 八 | 九 | 十 | 十一 | 十二 |
|---|---|---|---|---|---|---|---|---|---|---|---|
| 卯 | 子 | 酉 | 午 | 卯 | 子 | 酉 | 午 | 卯 | 子 | 酉 | 午 |

自盐五升入墓，或入棺内。

时煞

| 正 | 二 | 三 | 四 | 五 | 六 | 七 | 八 | 九 | 十 | 十一 | 十二 |
|---|---|---|---|---|---|---|---|---|---|---|---|
| 辰 | 丑 | 戌 | 未 | 辰 | 丑 | 戌 | 未 | 辰 | 丑 | 戌 | 未 |

牛皮一片豹皮一斤入墓。

月忌：

| 正 | 二 | 三 | 四 | 五 | 六 | 七 | 八 | 九 | 十 | 十一 | 十二 |
|---|---|---|---|---|---|---|---|---|---|---|---|
| 寅 | 卯 | 辰 | 巳 | 午 | 未 | 申 | 酉 | 戌 | 亥 | 子 | 丑 |

黄牛皮一两，虎皮一两入穴。

日忌：

| 正 | 二 | 三 | 四 | 五 | 六 | 七 | 八 | 九 | 十 | 十一 | 十二 |
|---|---|---|---|---|---|---|---|---|---|---|---|
| 申 | 酉 | 戌 | 亥 | 子 | 丑 | 寅 | 卯 | 辰 | 巳 | 午 | 未 |

木音方取土，作牛一双埏道前。

| 正 | 二 | 三 | 四 | 五 | 六 | 七 | 八 | 九 | 十 | 十一 | 十二 |
|---|---|---|---|---|---|---|---|---|---|---|---|
| 卯 | 子 | 酉 | 午 | 亥 | 申 | 巳 | 丑 | 戌 | 未 | 寅 | 辰 |
| 卯 | 子 | 酉 | 午 | 寅 | 亥 | 申 | 巳 | 丑 | 戌 | 未 | 辰 |

人参五钱入墓。

天赫：

| 正 | 二 | 三 | 四 | 五 | 六 | 七 | 八 | 九 | 十 | 十一 | 十二 |
|---|---|---|---|---|---|---|---|---|---|---|---|
| 巳 | 巳 | 巳 | 辰 | 辰 | 辰 | 亥 | 亥 | 亥 | 寅 | 寅 | 寅 |

地赫：

| 正 | 二 | 三 | 四 | 五 | 六 | 七 | 八 | 九 | 十 | 十一 | 十二 |
|---|---|---|---|---|---|---|---|---|---|---|---|
| 丑 | 丑 | 丑 | 辰 | 辰 | 辰 | 未 | 未 | 未 | 戌 | 戌 | 戌 |

河水一瓶，焦谷豆五升，柳木人五个，土作的雀二只入墓。

天咎

| 正 | 二 | 三 | 四 | 五 | 六 | 七 | 八 | 九 | 十 | 十一 | 十二 |
|---|---|---|---|---|---|---|---|---|---|---|---|
| 酉 | 酉 | 酉 | 子 | 子 | 子 | 卯 | 卯 | 卯 | 午 | 午 | 午 |

桂心、南药各五钱，埏道口。

九坎

| 正 | 二 | 三 | 四 | 五 | 六 | 七 | 八 | 九 | 十 | 十一 | 十二 |
|---|---|---|---|---|---|---|---|---|---|---|---|
| 辰 | 丑 | 戌 | 未 | 卯 | 子 | 酉 | 午 | 寅 | 亥 | 申 | 巳 |

熟小豆一升，柏子一两入墓。

墓呼：

| 正 | 二 | 三 | 四 | 五 | 六 | 七 | 八 | 九 | 十 | 十一 | 十二 |
|---|---|---|---|---|---|---|---|---|---|---|---|
| 未 | 辰 | 丑 | 酉 | 午 | 卯 | 子 | 申 | 巳 | 寅 | 亥 | 戌 |

黍谷豆各一升，麦面一斤人穴中。

|  | 正 | 二 | 三 | 四 | 五 | 六 | 七 | 八 | 九 | 十 | 十一 | 十二 |
|---|---|---|---|---|---|---|---|---|---|---|---|---|
| 猫 | 寅 | 辰 | 午 | 申 | 戌 | 子 | 寅 | 辰 | 午 | 申 | 戌 | 子 |
| 朱雀 | 卯 | 巳 | 未 | 酉 | 亥 | 丑 | 卯 | 巳 | 未 | 酉 | 亥 | 丑 |
| 白虎 | 午 | 申 | 戌 | 子 | 寅 | 辰 | 午 | 申 | 戌 | 子 | 寅 | 辰 |
| 凤凰 | 申 | 戌 | 子 | 寅 | 辰 | 午 | 申 | 戌 | 子 | 寅 | 辰 | 午 |
| 玄武 | 酉 | 亥 | 丑 | 卯 | 巳 | 未 | 酉 | 亥 | 丑 | 卯 | 巳 | 未 |
| 勾陈 | 亥 | 丑 | 卯 | 巳 | 未 | 酉 | 亥 | 丑 | 卯 | 巳 | 未 | 酉 |

桃仁三十个，面鸡二只，青石二十斤入穴。

重日：

| 正 | 二 | 三 | 四 | 五 | 六 | 七 | 八 | 九 | 十 | 十一 | 十二 |
|---|---|---|---|---|---|---|---|---|---|---|---|
| 甲 | 乙 | 戊 | 丙 | 丁 | 己 | 庚 | 辛 | 戊 | 壬 | 癸 | 己 |

小函子一个，殊书四字于函内，前月下载明人墓棺上。

复己

| 正 | 二 | 三 | 四 | 五 | 六 | 七 | 八 | 九 | 十 | 十一 | 十二 |
|---|---|---|---|---|---|---|---|---|---|---|---|
| 庚 | 辛 | 己 | 壬 | 癸 | 戊 | 甲 | 乙 | 己 | 丙 | 丁 | 戊 |

织一根木锯一段入棺。

重复：

己亥日岁德土作泥人五个，甘草一两，桑枝根一段入棺。

偏日：

月建前三辰，平收日猪脂一斤入墓。

大呼

房虚昴星生铁一斤，铜钱四十九文入棺。

天翼

| 正 | 二 | 三 | 四 | 五 | 六 | 七 | 八 | 九 | 十 | 十一 | 十二 |
|---|---|---|---|---|---|---|---|---|---|---|---|
| 巳 | 亥 | 午 | 子 | 未 | 丑 | 申 | 酉 | 辰 | 酉 | 亥 | 午 |

地黄一两人墓。

天不复：

春庚申，夏壬子，秋甲寅，冬丙午。

地不复：

柏木人三十个，黄纸代之入墓。

吊客：

太岁后二辰，桑自皮一斤入墓。

大煞：

正午，二卯，三酉，四子，六卯，九午，十酉，十二子。

飞廉：

正七辰戌，二八巳亥，三九子午，六卯，十二酉。

桑枝一条入墓。男左女右安之。

到日：

戊己日铜钱一百文，黄豆升，脯肉一斤入墓。

呼日：

寅辰日灵前土一斗，袋子一件替人不入棺。

呼龙：

宫羽十二月，商九月，日角三月，徵六月。

生铁半斤入墓。

小墓：

宫羽六七，日商七十一月，日角正五九月，徵四六十二月。

受煞：

猪肉一斤入墓。

改正僧道尼姑及内使小儿，未满百日不须禳镇，只用五谷六精人棺则吉。

改正凶死、产亡、自缢、刑伤、落水、火化、毒死、刀伤及疲痞痨疾，不可入莹，本音上下利方，男上女下，埋之则吉。

改正如前凶亡，若要入坟者，宜用太岁骨、十二精、七种香、避殃砂、五精石、殊砂、雄黄各按方位四凶作吉，亦无大咎，外丧入宅者同镇。

# 安五精镇符

东北安青石，东南安红石，西南安白石，西北安黑石，穴中安黄石。

咒曰：五星八地，神灵保佑，岁星居左，太自居右，荧惑在前，辰星立后，镇星守中，避除殃咎，妖异灾变，五星摄按，亡者安宁，生孝福寿，急急如律令。

## 【白话点拨】

在墓穴的五方放以五种颜色不同的石头，在东北安放青石，在东南方安放红石，在西南方安放白石，在西北方安放黑石，在中部安放黄石。安放好以后还念咒语：五星八地，神灵保佑，岁星居左，太白居右，荧惑在前，辰星立后，镇星守中，遮除殃咎，妖异灾变，五星摄按，亡者安宁，生者福寿，急急如律令。

# 殃煞出日时

殃煞何日何时出，但如月将死时推，若逢辰戌魁罡上，女魁男罡定出之假如未将巳时死，男就以将加时上顺数至页上遇辰字，为天罡。即寅日、寅时出友，即申时遇河魁是也。万无一失。

正月从巳上起，将顺行二月午上起是也。女从亥十一顺行二月于辰，三月丑上是也。

## 【白话释意】

殃煞在什么日子、什么时间会出，要看亡人在什么月份、什么时辰下世。如果逢辰时、戌时，又逢河魁、天罡，则为殃煞。

假设有人在巳时去世，如亡人是男子，就将加时上顺数，遇到辰字，为天罡，亡人要寅日、寅时出穴。如果亡人在申时去世，那是逢河魁。这样推算会万无一失。正月的巳日，二月的午日，三月的丑日都是殃煞出日。

# 殃起尺数

甲己子午九，乙庚丑未八，丙辛寅申七，丁壬卯酉六，戊癸辰戌五，巳亥是四数。

且如甲子日，甲属九尺，子属九尺，共合为一丈八尺，余仿此。

## 【白话点拨】

甲己子午为九数，乙庚丑未为八数，丙辛寅申为七数，丁壬卯酉办六数，戊癸辰戌为五数，巳亥为四数。如甲子日，由于甲属九尺，子属九尺，一共为一丈八尺，则甲子日用一丈八尺，是殃起尺数。如乙丑日用一丈六尺，是殃起尺数。如丙寅日，由于丙属七尺，寅属七尺。一共为一丈四尺，则一丈四尺，是殃起尺数。余仿此类推。

# 日干重复

即重丧，镇法前载分明。

五七连甲庚，二八乙辛当，丁癸五十一，四十丙壬午，三九六十二，戊己是重伤。

## 【白话点拨】

日干重复日，即属重丧日。镇法如前文所述。五月、七月的甲日、庚日为日干重复日，二月、八月的乙日、辛日为日复日，五月、十一月的丁日、癸日为日干重复日，四月十月的丙日、壬日为日干重复日，三月、六月、九月、十二月的戊日，己日是日干重复日，以所说的日干重复日，均为重丧日。

# 妨忌生人

生人吊奠不利，有服亲人不忌。

正四七十月忌属虎猴蛇猪，二八五十一月忌属鼠马鸡兔，三六九十二月忌属龙狗牛羊。论交节。

## 【白话点拨】

人去世之后，有很多亲朋来吊唁、祭奠。

对前来吊唁的人也是有讲究的。

有人在正月、四月、七月、十月去世，那么属相是属虎、猴、蛇、猪的生人，避之。

有人在二月、八月、五月、十一月、去世，那么属相是属鼠、马、鸡、兔的生人，避之。

有人在三、六、九、十二月去世，那么属相是属龙、狗、牛、羊的生人，避之。

# 禳殃不出

建为太岁破大耗，平为勾陈收作绞。

开太阴星执小耗，不离阴阳只到老。

阳年　子丑寅卯辰巳午未申酉戌亥

大阴　戌亥子丑寅卯辰巳午未审酉

太岁　子丑寅卯辰巳午未申酉戌亥

大耗　午未申酉戌亥子丑寅卯辰巳

小耗　巳午未申酉戌亥子丑寅卯辰

勾陈　卯戌巳子未寅酉辰亥午丑申

绞神　酉辰亥午丑申卯戌巳子未寅

殃出日时，若犯六位凶神，冲回即不出，主人又有重丧，则用六精药七种香为末，以铁宛豆，各房洒之。又用白雄鸡一只，复日，五月、十一月的丁日、癸日为日干重复日，四月十月的丙日、壬日为日干重复日，三月、六月、九月、十二月的戊日、己日是日干重复日，以所说的日干重复日，均为重丧日。

# 殃煞占处

寅窗卯门辰在墙，巳在洋沟午未梁。
申酉在碾戌亥灶，子丑二时在厅堂。

## 【白话点拨】

寅时殃煞在窗处，卯时殃煞在门处，辰时殃煞在墙处，巳时殃煞在洋沟处，午时、未时殃煞在梁处。申时、酉时殃煞在碾处，戌时、亥时殃煞在灶处，子时殃煞在厅处，丑时殃煞在堂处。

# 知死时

子午卯酉恰中指，辰戌丑未手掌舒。
寅申巳亥握定拳，亡人死去必不差。
子午卯酉口狼张，辰戌丑未眼睁开。
寅申巳亥拳着手，但逢火日尸不僵。

# 承凶之葬

无吉日，求吉时可也。

四月炎天至九秋，人间亡化莫停留。

便当三日承凶葬，尸坏防他孝不周。

## 【白话点拨】

承凶葬法是一种从权之法，如果有人去世，需要尽的快安葬，如果短期内找不到吉日，能尽快找到吉利的时辰，也是勉强可以的。

凡凶葬不避凶年恶月，凡是有人初死，不问年、月，若三日内，虽值凶神也不会为害。开山立向克山家不忌。更不忌太岁、月家诸凶神煞，不须昭生地祇、斩草，即可安葬。就立春前谢墓，尽二日之内加土谢墓，别无禁忌。

如果有人死去，当日早开葬，尽一日之内成坟，三日之内谢墓，或大寒节五日，或清明节先后谢墓，这种情况叫盗葬。这些都是依照古礼、人情，随地方风俗而变的。

# 百日内不合葬

葬夫未满百日后，岂敢开墓又葬妻；

合葬须待百日外，各穴单葬不忌之。

## 【白话点拨】

一个家庭内的丈夫去世了，在下葬之后，不到一百天，其人妻子又去世了，在这种情况下，暂时不能将其妻子与他合葬。中国的传统习惯是"生同寝，死同穴"，要合葬也需要在其丈夫去世百日之后。假如各穴单葬，则没有忌讳。

# 一年内忌再迁

新立茔墓再迁，主重丧。

> 吉凶二葬俱已终，不可迁移再树封；
> 未及一年如犯者，家门必主有重丧。

## 【白话点拨】

人去世之后安葬完毕，不管是凶葬还是吉葬，都已入土为安，在这种情况下，千万不能在一年之内，把新坟迁到别处再次下葬。如果有人认为，找到了好地想迁葬，也必须满一年以后。如果立了新坟，在不到一年的时间内又改葬别处，家门内必定要出现重大丧事。

# 立新地忌日

杀主人及长子，旧葬不忌。
安坟守墓神，宫羽不宜申，角亥商音巳，长生徵在寅。

## 【白话点拨】

如果人下世在立新的坟地时犯了忌日，是很不吉利的，杀主人及长子的祸患，会降临，亡人的亡灵会不安。姓氏属宫音、羽音的亡人不能在申日立新坟地。姓氏属角音地的亡人不能在亥日立

中国传统术数总集 第一辑

新坟地。姓氏属商音地的亡人不能在巳日立新的坟地。姓氏属徵音的亡人不能在寅日立新的坟地。什么姓氏属什么五音之一，在本书最后"五音姓氏"一节中可查到。

# 葬日避忌

承凶葬法不忌。

> 葬攒诸禁忌，重复太阳生。建除平收日，巳亥戌辰名。
> 斩草宜被克，安葬要相生。当详土府禁，协谋甚分明。

## 【白话点拨】

如果是承凶之葬，则没有忌讳。安葬、启攒在有的日子是不能进行的，应当避忌。如逢重复日、建日、除日、平日、收日、巳日、亥日、戌日、辰日是不行的。斩草应该用克日，安葬要使亡人的本命与葬日相生则为吉。还应当详细知道土府应禁止的是什么，至于协谋则更应该把握好。

# 掘见古冢

凡葬修茔掘见骸，更迁别所理无灾，却将旧穴且安新，自是家门福庆无。

葬者见骨体请埋他处，下深五尺，葬之无碍。岂不闻一人立地下有九尸，自古无不败之国，无不破之墓，皆由数也。

## 【白话点拨】

凡是在下葬的地方，往地下挖土见到久远年代以前的骨骸，在这种情况下，如果再选另外的地方下葬，会有灾祸。将久远年代前的旧穴变成新穴，则家内的人会没有福气。

在下葬时，要藉地五尺深，葬下是不会有什么事的。前人曾讲过，一人所立的地下会有几具尸体。自古以来，没有不衰败的国家，没有不衰败的坟墓，都是由数而定。

# 祭主避忌

男寅女用申，常加本命神，阳年加大吉，阴年小吉真，不遇魁罡煞，堪宜作主人。

如祭主犯魁罡，不宜主丧，其次子代之。若不得已，临时少避亦可。

考年月日时中，遇德神化解，亦不为害也。

子、午：

子午天罡，卯酉河魁。

卯酉天罡，子午河魁。

寅、申：

丑未天罡，辰戌河魁。

辰戌天罡，丑未河魁。

辰、戌：

寅申天罡，巳亥河魁。

巳亥天罡，寅申河魁。

**【白话点拨】**

亡人的后代，男的用寅，女的用申，是否适合作祭主，要看祭主相命不遇河魁星、天罡星，不遇这些凶煞星，才能作祭主来主丧。如果亡人长子作为祭主犯了河魁星、天罡星，不适宜作祭主来主丧，应由次子代替他主丧。如果亡人只有一个儿子，确不得已，也要临时少避一会儿就可。详细考查年月日时，如能遇到德神化解，也不会为害。何日为河魁，何日为天罡，见原文。

# 亡人化道

子午佛道丑未鬼，寅申人道卯酉畜。
辰戌修罗巳亥仙，日支化道不虚传。

# 选葬金镜赋

**凡论葬者有吉凶**，茔元书内说分明。
**天子七月诸侯五**，大夫三月士庶同。
**百日承凶无禁忌**，经年暴露有灾刑。
以外便为吉葬法，孟伸季年不可同。
此名建破魁罡月，用者三房伤弟兄。
大通年用小通月，小通年月选大通。
蒿里黄泉沐浴吉，天覆地载主安宁。
五音二墓发凶祸，五龙胎忌克阴凶。

龙虎入圹伤父母，龙符伤畜虎伤人。

大小受煞开墓忌，开故纳新忌呼龙。

呼煞龙煞合葬忌。有职承凶开故凶。

开墓天牛忌守冢，改葬坟茔忌墓龙。

宜胜坟忌方道煞，田茔卜穴忌崩腾。

凡入祖茔不论禁，创立新茔气路通。

姓音主祭山向利，命运魁罡不可逢。

日辰年命相生吉，岁月刑煞临命凶。

男女元辰皆大吉，主人避忌怕相冲。

单支不能成其咎，若还有德可消凶。

吉多凶少宜当用，凶多吉少不堪凭。

且论开山立向法，大凡迁造及安坟。

先看山家墓运变，山家运气有真经。

运变金木水火土，山分东西南北宫。

山克年月日时吉，年月日时克山凶。

山头无煞多吉庆，山向有煞必定凶。

切忌坐煞并向煞，不宜阴府浮天空。

最怕年天官符吉，女忌罗天大退星。

四利向中若有煞，乾坤艮巽逐年通。

相生发福相克祸，祸福吉凶看进神。

六壬年月通天窍，三奇禄马贵人星。

山头向首吉星照，选择宜推鸣吠辰。

斩草破土宜被克，五音安葬要相生。

再论攒葬诸避忌，又看安坟守墓神。

择日值专并显曲，葬日周堂忌子孙。

当忌太岁押本命，不在本山祸稍轻。

或然年内无良日，便当择取岁宫承。

清明安葬修改吉，除夜婚姻嫁娶通。

太岁出游修造吉，诸神朝天可并工。

修茔宜取功传土，师立当寻华盖中。

立向辨方子午正，作穴依法年月通。

好年不如好月日，好日不如好地形。

好地如木之根本，根旺身肥枝叶荣。

生居宅舍人为贵，死葬坟茔显地灵。

地似巨舟能载物，形如利楫运舟行。

阴生风水之吉利，祭住年月之良能。

葬得吉年善月日，生安亡稳子孙兴。

葬祀凶年恶月日，人亡家败弃尸同。

须知葬者乘生气，五气行乎在地中。

此见茔元金镜说，术人选择细推通。

## 【白话点拨】

《选葬金镜赋》是安葬择日的总诀，此诀民间已不多见。

第八句至第三十句是讲五音古法。此篇所述内容，在本书茔元卷中都将一一诠释，可与此篇相比较。

# 修坟取土

春秋二季掘土太深，损伤地脉，慎之。

**若要清明去上坟，丑加月建顺排轮。**

**寅申天月二德土，到处取土不须论。**

又云：坟取一百二十步，不忌神煞，取土大利。

**【白话点拨】**

春天修坟取土，春秋二祭掘土太深，为损伤地脉，应忌之。又说，坟外一百二十步不忌神煞，取土大利。

# 选葬年月日五姓傍通（横推）

宫音　商音　角音　徵音　羽音

**大墓**　戊辰　辛丑　乙未　丙戌　壬辰。

此年不可葬，主凶；行年至此亦凶。

**小墓**　戊戌　辛未　乙丑　丙辰　壬戌　此年不可葬，主凶。

**大通**　子午　卯酉　卯酉　午子　子午　此年合"蒿里、黄泉"，大吉。

**小通**　申寅　巳亥　亥巳　寅申　申寅　此年合"光明"、"沐浴"，小吉。

**次吉**　卯酉　子午　午子　卯酉　酉卯　此午合"重神"、"入墓"，次利。

**天覆**　巳午　寅戌　亥子　寅卯　申酉　此年葬，亡者安宁。

**地载**　申酉　亥子　巳午　丑未　寅卯　此年葬，亡者安宁。

**大墓受煞**　乙丑　甲午　丙申　丁亥　乙酉　己巳　戊戌
庚子　辛卯　己丑　癸酉　壬寅　甲辰　乙未　癸巳　此年不开夫墓，若别卜、穴凶葬，不忌。

**小墓受煞**　乙未　甲子　丙寅　乙丑　乙卯　己亥　戊辰
庚午　丁巳　己未　癸卯　壬申　甲戌　辛酉　癸亥　此年不开妇墓，若别卜穴凶葬，不忌。

**五龙胎忌**　乙亥　丙寅　辛巳　壬申　戊辰　乙卯　丙戌

辛丑　壬辰　戊戌　乙未　丙午　辛酉　壬子　己未　此年支干被克，葬凶。

**龙入圹**　申　巳　亥　寅申　此人亡人有父凶，若无祖父，葬不忌。

**虎入圹**　寅　亥　巳　申　寅　此年亡人有母凶，若无祖母，葬不忌。

**五龙胎记**　二月　正月　四月　三月　六月　正月　八月　七月　十月　九月　十二月　十一月　三月　六月　九月　十二月此月支干被克，凶。

**呼龙煞**　二月　三月　正月　六月　三月　五月　二月　六月　二月　三月　四月　六月　七月　九月　六月　八月　七月　八月　四月　六月　十二月

一、此月开旧墓，合葬者，忌此煞。

二、此月若是启攒迁坟，取出骨骸，移于他处，创置坟园，新造冢墓者合葬，无忌，即不用此法。

三、有官职者忌之，平民不忌。

## 【白话点拨】

现列表述之：

|  | 宫土 | 商金 | 角木 | 徵火 | 羽水 |  |
|---|---|---|---|---|---|---|
| 大墓 | 戊辰 | 辛丑 | 乙未 | 丙戌 | 壬辰 | 此年不可葬，主凶；行年至此亦凶。 |
| 小墓 | 戊戌 | 辛未 | 乙丑 | 丙辰 | 壬戌 | 上斩不可葬，主凶。 |
| 大通 | 子午 | 卯酉 | 卯酉 | 午子 | 子午 | 此年合"蒿里"、"黄泉"，大吉。 |
| 小通 | 申寅 | 巳亥 | 亥巳 | 寅申 | 申寅 | 此年合"光明"、"沐浴"，小吉。 |
| 次吉 | 卯酉 | 子午 | 午子 | 卯酉 | 酉卯 | 上斩合"重神"、"入墓"，次利。 |
| 天覆 | 巳午 | 戌亥 | 亥子 | 寅卯 | 申酉 | 此年葬，亡者安宁。 |

|  | 宫土 | 商金 | 角木 | 徵火 | 羽水 |  |
|---|---|---|---|---|---|---|
| 地载 | 申酉 | 子巳 | 巳午 | 丑未 | 寅卯 | 此年葬，亡者安宁。 |
| 大墓受煞 | 乙丑 | 甲午 | 丙申 | 丁亥 | 己丑 | 此年不开夫墓，若别卜穴凶葬，不忌。 |
|  | 己巳 | 戊戌 | 庚子 | 辛卯 | 己丑 |  |
|  | 癸酉 | 壬寅 | 甲辰 | 乙未 | 癸巳 |  |
| 小墓受煞 | 乙未 | 甲子 | 丙寅 | 乙丑 | 乙卯 | 此年不开夫墓，若别卜穴凶葬，不忌。 |
|  | 己亥 | 戊辰 | 庚午 | 丁巳 | 己未 |  |
|  | 癸卯 | 壬申 | 甲戌 | 辛酉 | 癸亥 |  |
| 龙入圹 | 申 | 巳 | 亥 | 寅 | 申 | 此年亡人有父凶，若无祖父，葬不忌。 |
| 虎入圹 | 寅 | 亥 | 巳 | 申 | 寅 | 此年亡人有母凶，若无祖母，葬不忌。 |
| 五龙胎忌 | 乙亥 | 丙寅 | 辛巳 | 壬申 | 丑 戊 | 此年支干被克，凶。 |
|  | 乙卯 | 丙戌 | 辛丑 | 壬辰 | 巳 辰 戊 |  |
|  | 乙未 | 丙午 | 辛酉 | 壬子 | 未 戌 己 |  |
| 呼龙煞 | 1. 开旧墓合葬者，忌此煞。<br>2. 若是取出骨骸，移于他处，创置坟园，新造冢墓，合葬者，无忌，即不用此法。<br>3. 有官职者忌之，平民不忌。 |  |  |  |  |  |
| 大墓 | 三月 | 十二月 | 六月 | 九月 | 三月 | 此月不可葬，主凶。 |
| 小墓 | 九月 | 六月 | 十二月 | 三月 | 九月 | 此月不可葬，主凶。 |
| 大通 | 五、十一月 | 二、八月 | 二、八月 | 五、十一月 | 五、十一月 | 此月合"蒿里"、"黄泉"，大吉。 |
| 小通 | 正、七月 | 四、十月 | 四、十月 | 正、七月 | 正、七月 | 此月合"光明"、"沐浴"，小吉。 |
| 次吉 | 二、八月 | 五、十一月 | 五、十一月 | 二、八月 | 二、八月 | 此月合"重神"、"入墓"，次利。 |

| | 宫土 | 商金 | 角木 | 徵火 | 羽水 | |
|---|---|---|---|---|---|---|
| 天覆 | 四、五月 | 三、九月 | 十、十一月 | 正、二月 | 七、八月 | 此月葬，亡者安宁。 |
| 地载 | 七、八月 | 十、十一月 | 四、五月 | 六、十二月 | 正、二月 | 此月葬，亡者安宁。 |
| 大墓受煞 | 四月 | 正月 | 三月 | 二月 | 四月 | 此月不开夫墓，若别卜穴凶葬，不忌。 |
| | 八月 | 五月 | 七月 | 六月 | 八月 | |
| | 十二月 | 九月 | 十一月 | 十月 | 十二月 | |
| 小墓受煞 | 二月 | 三月 | 正月 | 四月 | 二月 | 此月不开妇墓，若别卜穴凶葬，不忌。 |
| | 六月 | 七月 | 五月 | 八月 | 六月 | |
| | 十月 | 十一月 | 九月 | 十二月 | 十月 | |
| 龙入圹 | 七月 | 四月 | 十月 | 正月 | 七月 | 此月亡人有父凶，若无祖父，葬不忌。 |
| 虎入圹 | 正月 | 十月 | 四月 | 七月 | 正月 | 此月亡人有母凶，若无祖母，葬不忌。 |
| 五龙胎忌 | 二月 | 正月 | 四月 | 三月 | 九月三月 | 年月支干被克，凶。 |
| | 六月 | 正月 | 八月 | 七月 | 十一月六月 | |
| | 十月 | 九月 | 十二月 | 十一月 | 十二月六月 | |
| 呼龙煞 | 二、三月 | 正、六月 | 三、五月 | 二、六月 | 二、三月 | 1. 开旧墓葬者，忌此煞。2. 此月若是取出骨骸，移于他处，创置坟园，新造冢墓合葬者，无忌不用此法。3. 有官职者忌之，平民不忌。 |
| | 四、六月 | 七、九月 | 六、八月 | 七、八月 | 四、六月 | |
| | 八月 | 十二月 | 九、十一月 | 九、十一月 | 八月 | |

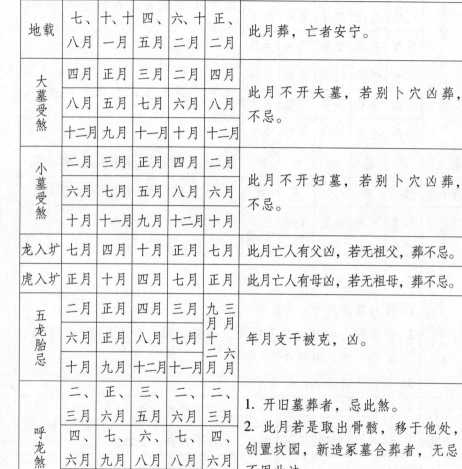

# 葬日周堂

其法无论月分大小，不论节气。大月初一，起父顺行。小月初一，起母逆行。若值客、亡，人吉。如妨父母男妇婿孙者，临时暂避。

## 葬日周堂图

【白话点拨】

其用法是只论大、小月，不论节气，大月初一起父，向男顺行。如小月初一日母，向女逆行。日移一位，值客亡人吉妨父母、男、孙、妇者，临时暂避。

# 呼龙煞

合葬忌，诸侯卿大夫忌之，庶民不论。

> 徵鼠金鸡排大对，猴牛玉兔列羊群。
> 角逢龙马并羊位，犬子耕年八月屯。
> 宫羽金鸡愁四月，羊逢玉兔怕三春。
> 商寅六七狗吃腊，如逢此月亡家长。
> 有职承凶开故凶，若遇呼龙死满门。
> 更不移改于别处，生铁五斤墓中存。

## 【白话点拨】

呼龙煞，打开旧墓，合葬者忌此煞，古代诸侯、士大夫，即有官职者忌此煞，平民不忌。若在这些忌月里下葬，家中长辈有性命之忧，有官职的人去世下葬，开墓合葬的，若遇此"呼龙煞"，将家灭满门，要特别注意。若是取出原墓中骨骸，移于他处，创置坟园，新造坟墓，合葬者不忌，但要在新墓中存放生铁五斤，为吉。

# 扫地空亡

辰巳子亡人，忌午未日。
申酉丑亡人，忌酉戌日。
寅卯午亡人，忌子丑日。

亥戌未亡人，忌卯辰日。

# 冷地空亡

甲己亡人，忌子午日。
乙庚亡人，忌寅申日。
丙辛亡人，忌卯酉日。
丁壬亡人，忌丑未日。
戊癸亡人，忌辰戌日。
六十年中冷地空亡忌日时。

# 入地空亡

甲己堪堪马入栏，庚午日。
乙庚龙位便山川，庚辰日。
丙辛虎出黄峦外，庚寅日。
丁壬犬子路旁边，庚戌日。
戊癸猿猴须大忌，庚申日。
亡人入地不能安。

## 【白话点拨】

如甲、己亡命，忌庚、午日。如乙、庚亡命，忌庚、辰日。如丙、辛亡命，忌庚、寅日。如丁、壬亡命，忌庚、戌日。如戊、癸亡命，忌庚、审日。这些方法都是不忌年、月、时，惟忌日子。

# 启攒改葬日

一 二 三 四 五 六 七 八 九 十 十一 十二
在 冢 动 子 冢 在 卯 冢 去 亥 冢
冢 酉 冢 地 心 冢 冢 侧 中 地 酉
煞 开 贫 入 煞 煞 煞 开 大 开 开
长 吉 穷 吉 长 七 人 人 吉 凶 吉 吉

墓龙在冢，二、四、八、十月吉。十一月、十二月次吉。

改墓宿煞：

　木墓　　　火墓　　　金墓　　　　水墓

春未神　夏戌神　秋丑神　冬辰神南午神

西酉神，北子神，东卯神。

## 【白话点拨】

现列表述之:

| 正 | 二 | 三 | 四 | 五 | 六 | 七 | 八 | 九 | 十 | 十一 | 十二 |
| --- | --- | --- | --- | --- | --- | --- | --- | --- | --- | --- | --- |
| 在冢煞长 | 冢酉开吉 | 动冢贫穷 | 子地入吉 | 冢心煞长 | 在冢煞七 | 冢侧煞人 | 卯地开人 | 冢中大吉 | 去冢开凶 | 亥地开吉 | 冢酉开吉 |

据青乌子《白鹤改墓经》云："凡要改墓，有三祥瑞即不可改也：

一、开见生龟蛇、生气物；

二、土中有水温暖，色如乳气或云雾；

三、紫腾交合棺木；俱吉。若改之，必受殃。

如有五不祥则速改之：

一、墓坟无故自陷；

二、坟上草木枯死；

三、家有淫乱风声；

四、男女忤逆、颠狂、刑害、刑伤；

五：人口不安及六畜死绝，家产耗散，官司不息。

有此五类者，即宜速改之。"若祭主年命逢不通利之岁数，可以次者代之临场，或托土公（拾骨的师傅）拾骨，眼不见骨即可，装饔后即不忌。

# 天牛不守冢日

庚子、辛未、壬申、癸酉、戊寅、己卯、壬午、癸未

甲申、乙酉、甲午、乙未、丙申、丁酉、壬寅、癸卯

丙午、丁未、戊申、己酉、庚申、辛酉。

开攒、开坟、改葬、修墓大吉。

秘诀曰：如不暇择日，天牛古冢师人，手使牛鞭绕墓三匝，念咒语三遍，向门外赴去，其神自退，方敢祭祀，开穴大吉。

咒曰：天牛古墓中，神鞭往外攻，子孙兴万代，富贵出三公，吾奉玉帝敕旨，急急如律令。

中国传统术数总集 第一辑

# 祭主本命忌

## 年月日时正冲及同旬冲

甲子冲甲午庚午日　　　　　乙丑冲乙未辛未

丙寅冲丙申壬申　　　　　　丁卯冲丁酉癸酉

戊辰冲戊戌　　　　　　　　己巳冲己亥

庚午冲庚子甲子　　　　　　辛未冲辛丑乙丑

壬申冲壬寅丙寅　　　　　　癸酉冲癸卯丁卯

甲戌冲甲辰庚辰　　　　　　乙亥冲乙巳辛巳

丙子冲丙午壬午　　　　　　丁丑冲未癸未

戊寅冲戊申　　　　　　　　己卯冲己酉

庚辰冲庚戌甲戌　　　　　　辛巳冲辛亥乙亥

壬午冲壬子丙子　　　　　　癸未冲丁丑癸丑

甲申冲甲寅庚寅　　　　　　乙酉冲乙卯辛卯

丙戌冲丙辰壬辰　　　　　　丁亥冲壬巳癸巳

戊子冲戊午　　　　　　　　己丑冲乙未

庚寅冲庚申甲申　　　　　　辛卯冲辛酉乙酉

壬辰冲壬戌丙戌　　　　　　癸巳冲癸亥丁亥

甲午冲甲子庚子　　　　　　乙未冲乙丑辛丑

丙申冲丙寅壬寅　　　　　　丁酉冲丁卯癸卯

戊戌冲戊辰　　　　　　　　己亥冲己巳

庚子冲庚午甲午　　　　　　辛丑冲辛未乙未

壬寅冲壬申丙申　　　　　　癸卯冲癸酉丁酉

甲辰冲甲戌庚戌　　　　　乙巳冲乙亥辛亥

丙午冲丙子壬子　　　　　丁未冲丁丑癸丑

戊申冲戊寅　　　　　　　己酉冲己卯

庚戌冲庚辰甲辰　　　　　辛亥冲辛巳乙巳

壬子冲壬午丙午　　　　　癸丑冲癸未丁未

甲寅冲甲申庚申　　　　　乙卯冲乙酉辛酉

丙辰冲丙戌壬戌　　　　　丁巳冲丁亥癸亥

戊午冲戊子　　　　　　　己未冲己丑

庚申冲庚寅甲寅　　　　　辛酉冲辛卯己卯

壬戌冲壬辰丙辰　　　　　癸亥冲癸巳丁巳

本命对冲反同旬冲　　　　凡单支冲不碍。

## 【白话点拨】

传统习俗与祭主本命天干克，地支冲，这叫正冲，应当避忌。与祭主本命天手相同，而地支相冲的，不用总讳，旧本上将此列为正冲，是错误的。祭主忌避，日子最为重要，年月则次之。凡遇本命日要忌，如甲予年生，忌甲午日、庚午日。乙丑年生，忌乙未日、辛未日。余仿此类推。

# 山家墓龙变运年月日时

假如壬山丙向、子山午向、癸山丁向、亥山巳向、辰戌丑未坤艮山向：

甲己年，七月、八月不用。

甲子、乙丑、壬申、癸酉、庚辰、辛巳、甲午、乙未、壬寅、癸卯日时不用。

乙庚年，十一月、十二月不用。

丙寅、丁卯、戊子、己丑、丙申、丁酉、甲辰、乙巳、戊午、己未日时不用。

丙辛年，十一月、十二月不用。

庚午、辛未、戊寅、己卯、庚子、辛丑、戊申、己酉、丙辰、丁巳日时不用。

丁壬年，五月、六月不用。

丙子、丁丑、壬辰、癸巳、丙午、丁未、甲寅、乙卯：甲申、乙酉日时不用。

戊癸年，七月、八月不用。

戊辰、己巳、壬午、癸未、庚寅、辛卯、壬子、癸丑、庚申、辛酉日时不用。

## 【白话点拨】

假如亡人坟墓属于壬山丙向、子山午向、癸山丁向、亥山巳向、辰戌丑未坤艮山向，在甲己年下葬属于壬山丙向的，八月不能用二属于子山午向的，八月不能用。属于癸山丁向的，八月不能用。属亥山巳向的，八月不能用。属亥山巳向的，八月不能用。属于辰戌丑未坤艮向的，八月不能用。甲子日时、乙丑日时、壬申日时、癸酉日时、庚辰日时、辛巳日时、甲午日时、乙未日时、壬寅日时、癸卯日时，皆不能用。

在乙庚年的十一月、十二月不用。丙寅日时、丁卯日时、戊子日时、己丑日时、丙申日时、丁酉日时、甲辰日时、乙巳日时、戊午日时、己未日时，皆不能用。

在丙辛年的十一月、十二月不能用。庚午日时、辛未日时、戊寅日时、己卯日时、庚子日时、辛丑日时、戊申日时、己酉日时、丙辰日时、丁巳日时，皆不能用。

在丁壬年的五月、六月不用。丙子日时、丁丑日时、壬辰日时、癸巳日时、丙午日时、丁未日时、甲寅日时、乙卯日时、甲申日时、乙酉日时，皆不能用。

在戊癸年的七月、八月不能用。戊辰日时、己巳日时、壬午日时、癸未日时、庚寅日时、辛卯日时、壬子日时、癸丑日时、庚申日时、辛酉日时，皆不能用。

又如巳山辛向、午山子向、丁山癸向：

甲己年，十一月、十二月不用。

丙子、丁丑、壬辰、癸巳、丙午、丁未、甲寅、乙卯、甲申、乙酉日时不用。

乙庚年，五月、六月不用。

戊辰、己巳、壬午、癸未、庚寅、辛卯、壬子、癸丑、庚申、辛酉日时不用。

丙辛年，五月、六月不用。

甲子、乙丑、壬申、癸酉、庚辰、辛巳、甲午、乙未、壬寅、癸卯日时不用。

丁壬年，三月、四月不用。

丙寅、丁卯、戊子、己丑、丙申、丁酉、甲辰、乙巳、戊午、己未日时不用。

戊癸年，三月、四月不用。

庚午、辛未、戊寅、己卯、庚子、辛丑、戊寅、己酉、丙辰、丁巳日时不用。

## 【白话点拨】

又假如亡人坟墓属于巳山辛向、午山子向、丁山癸向，在甲己年，十一月、十二月不能用。丙子日时、丁丑日时、壬辰、日时、癸巳日时、丙午日时、丁未日时、甲寅日时、乙卯日时、甲申日时、乙酉日时，皆不能用。

在乙庚年，五月、六月不能用。戊辰日时、已巳日时、壬午日时、癸未日时、庚寅日时、辛卯日时、壬子日时、癸丑日时、庚申日时、辛酉日时，皆不能用。

在丙辛年，五月、六月不能用。甲子日时、乙丑日时、壬申日时、癸酉日时、庚辰日时、辛巳日时、甲午日时、乙未日时、壬寅日时、癸卯日时，皆不能用。

在丁壬年，三月、四月不能用。丙寅日时、丁卯日时、戊子日时、己丑日时、丙申日时、丁酉日时、甲辰日时、乙巳日时、戊午日时、己未日时，皆不能用。

在戊癸年，三月、四月不能用。庚午日时、辛未日时、戊寅日时、己卯日时、庚予日时、辛丑日时、戊申日时、己酉日时、丙辰日时、丁巳日时，皆不能用。

又如甲山寅向、酉山卯向、戊山甲向、辛山乙向、乾山巽向：
甲己年，正月、二月、九月不用。
丙寅、丁卯、戊子、己丑、丙申、丁酉、甲辰、乙巳、戊午、己未日时不用。
乙庚年，正月、二月、九月不用。
庚午、辛未、戊寅、己卯、庚子、辛丑、戊申、己酉、丙辰、丁巳日时不用。
丙辛年，三月、四月不用。
丙子、丁丑、甲申、乙酉、壬辰、癸巳、丙午、丁未、甲寅、乙卯日时不用。
丁壬年，十一月、十二月不用。
戊辰、己巳、壬午、癸未、庚寅、辛卯、壬子、癸丑、庚申、辛寅日时不用。
戊癸年，十一月、十二月不用。
甲子、乙丑、壬申、癸酉、庚辰、辛巳、甲午、乙未、壬寅、癸卯日时不用。

## 【白话点拨】

又假如甲山寅向、酉山卯向、戌山甲向、辛山乙向、乾山巽向，在甲己年，正月、二月、九月不能用。丙寅日时、丁卯日时、戊子日时、己丑日时、丙申日时、丁酉日时、甲辰日时、乙巳日时、戊午日时、己未日时，皆不能用。

在乙庚年，正月、二月、九月能不用。庚午日时、辛未日时、戊寅日时、己卯日时、庚子日时、辛丑日时、戊申日时、己酉日时、丙辰日时、丁巳日时，皆不能用。

在丙辛月，三月、四月不能用。

丙子日时、丁丑日时、甲申日时、乙酉日时、壬辰日时、癸巳日时、丙午日时、丁未日时、甲寅日时、乙卯时，皆不能用。

在丁壬年，十一月、十二月不能用。

戊辰日时、己巳日时、壬午日时、癸未日时、庚寅日时、辛卯日时、壬子日时、癸丑日时、庚申日时、辛寅日时，皆不能用。

在戊癸年，十一月、十二月不能用。

甲子日时、乙丑日时、壬申日时、癸酉日时、庚辰日时、辛巳日时、甲午日时、乙未日莳、壬寅日时、癸卯时，皆不能用。

又如寅山申向、卯山酉向、乙山辛向、巽山乾向、甲山庚向：

甲己年，三月、四月不用。

戊辰、己巳、壬午、癸未、庚寅、辛卯、壬子、癸丑、庚申、辛酉日时不用。

乙庚年，三月、四月不用。

甲子、乙丑、壬申、癸未、庚寅、辛卯、壬子、癸丑、庚申、辛酉日时不用。

丙辛年，七月、八月不用。

丙寅、丁卯、戊子、己丑、丙申、丁酉、甲辰、乙巳、戊午、己未日时不用。

丁壬年，七月、八月不用。

庚午、辛未、戊寅、己卯、庚子、辛丑、戊申、己酉、丙辰、丁巳日时不用。

戊癸年，正月、二月、九月不用。

丙子、丁丑、甲申、乙酉、壬辰、癸巳、丙午、丁未、甲寅、乙卯日时不用。

凡太岁押本命，只论长子、长孙命不押，葬之大吉。如不得已以次子代之。若只一子，难以回避，慎之慎之。

## 【白话点拨】

又假如亡人坟墓属于寅山申向、卯山酉向、乙山辛向、巽山乾向、甲山庚向。

在甲己年，三月、四月不能用。戊辰日时、己巳日时、壬午弱时、癸未日时、庚寅日时、辛卯日时、壬子日时、癸丑日时、庚申日时、辛酉日时，皆不能用。

在乙庚年，三月、四月不用。

甲子日时、乙丑日时、壬申日时、癸未日时、庚寅日时、辛卯日时、壬子日时、癸丑日时、庚申日时、辛酉日时，皆不能用。

在丙辛年，七月、八月不用。

丙寅日时、丁卯日时、戊子日时、己丑日时、丙申日时、丁酉日时、甲辰日时、乙巳日时、戊午日时、己未日时，皆不能用。

丁壬年，七月、八月不用。

在庚午日时、辛未日时、戊寅日时、己卯日时、庚子日时、辛丑日时、戊申日时、己酉日时、丙辰日时、丁巳日时，皆不能用。

在戊癸年，正月、二月、九月不用丙子日时、丁丑日时、甲申日时、乙酉日时、壬辰日时、癸巳日时、丙午日时、丁未日时、甲寅日时、乙卯日时，皆不能用。

凡是太岁押祭主本命，如果祭主是长子、长孙，太岁不押其本命，亡人葬之大吉。如果祭主是长子、长孙，太岁又押其命命，不得已可以次子代替。

如果亡人只有一个儿子，难以回避，遇到这种情况，应当慎之再慎之。

# 山家墓运

年克山家家长死，月克山家家母亡。
日克山家妨新妇，时克山家煞子孙。

如年克山家，无家长不忌。余仿此。

# 斩草破土日

忌重复密日，建、破、平、收、土王用事。

甲子、乙丑、丁卯、戊辰、己巳、庚午、壬申、癸酉、己卯、壬午、甲申、丙戌、丁亥、辛卯、壬辰、乙未、丙申、丁酉、乙卯，俱合鸣吠。

# 五音安葬吉日

十合大吉。启攒天牛守冢。

壬申、壬辰、壬寅、壬午、壬子、壬戌、癸巳、癸酉、癸丑、甲申、甲辰、甲寅、二巳、乙酉、乙丑、丙辰、丙申、丙寅、丁巳、丁酉、丁丑、乙卯、丙午、己巳、己酉、己丑、庚申、庚辰、庚寅、辛酉、辛巳、辛丑、己丑、庚午、戊寅。

以上选定三十五认字日皆合鸣吠封、上下不呼、大明、地虎不食、五音大利。

葬后生安枣稳，世代官禄荣昌，大吉。

## 【白话点拨】

五音安葬日选定了吉利的三十五日个日子，在这期间内，任何一日下葬，能使活着的人安康吉祥，故去的人在地下安息，并世代官禄荣昌，大吉。

# 启攒镇物

凡人家旧茔冢多，气脉衰残，要将祖父尸骨起迁更葬。须把旧穴以镇，填平血脉在下封冢如新，照常祭祀。

柳氏曰："不脱风水之气脉，谨此言情至妙至重。多信邪说，慎之慎之。"宜用柏木板六斤，长九寸，宽一寸四分，诛书神符以方安镇。子孙绵远，大吉大利。

## 仙师勒令

天元龙星镇东方九气

天帝龙星镇西方七气

天皇龙星镇南方三气　安亡人大吉

天贵龙星镇北方五气

天恩龙星镇定　空气

天开龙星镇定　墓气

## 【白话点拨】

　　有的家族坟墓、较多，有的地方气脉衰败残缺。需要将骸骨起出来，另择好的地方下葬，这叫启攒，又叫移坟。一般没有什么事情，不要轻易迁坟，要特别慎重。但在真正迁葬时，要在旧穴内放上镇物，然后填实，再把坟立起来如新的一样，照以前那样叩拜祭祖。不脱离风水之气，谨遵此言为至妙至重。要是轻信邪说，那会有凶害，要慎之再慎。其放入旧穴内的镇物可用柏木板五片，每片长九寸，宽一寸四分，用朱砂书写神符，以此方法来安镇，则会子孙连绵，人财两旺，大吉大利。

　　硃砂上书字的神符如右：

仙師勒令

天元龍星鎮東方九氣

天帝龍星鎮西方七氣

天皇龍星鎮南方三氣　安亡人大吉

天恩龍星鎮北方五氣

天貴龍星鎮定　空氣

天開龍星鎮定　墓氣

中国传统术数总集　第一辑

## 棺墓镇物

莲花米、五谷、七种香七味、十二精十二味。

其为细末分作二分,一分棺内安,一分安旧穴,押凶恶神。生安亡稳,发福大利。

### 【白话点拨】

人去世后,在棺材内放上镇物,可用莲花米、五谷等,其中把细末分一分放在棺内,再分一分放墓穴内,可压凶神恶煞。而使活着的人过得安宁,故去的人得以安息。并可使家人得福得利,大吉。

## 祭主见骨

《白骨分龙经》,阳命一二吉,五七九通利。阴命二三岁,七八九共十,时师用心计。解曰:六阳年生人一二者即一岁十一,二岁十二,余信此。列车命不通,以次代之,不然觅人拾之,眼不见骨,即为大利。

## 合寿木

凡造寿哭,各法不同,难以拘定。惟单岁闰月以生旺月日,造

之无碍。忌本命对冲日。

起例：男从盖上起一十顺行，女从底上起一十逆行，一岁一位，遇左右厢吉，底、盖则凶。

孟、仲、季年相同起长生，遇绝月不用。

孟年不用孟月，忌长子。

仲年不用仲月，忌仲子。

季年不用季月，忌少子。

五音长生万年是。

|  | 寅申巳亥孟年 | 子午卯酉仲年 | 辰戌丑未季年 |
|---|---|---|---|
| 宫音、羽音 | 生申四月绝 | 生酉五月绝 | 生未三月绝 |
| 商音 | 生巳正月绝 | 生午二月绝 | 生辰十二月绝 |
| 角音 | 生亥七月绝 | 生子八月绝 | 生戌六月绝 |
| 徵音 | 生寅十月绝 | 生卯十一月绝 | 生丑九月绝 |

## 【白话点拨】

凡是造寿木，即棺材，各地按照风俗，各有不同的方法，实在难以尽拘。只有年长之人的单岁闰月，或年长之人的生旺月日来打造寿木即无妨碍。但一定要忌年长之人的本命对冲日。

孟年、中年、巳年、亥年为孟年，孟年不用孟月，要忌长子。

酉年、卯年、子年、午年为仲年，仲年不用仲月，要忌仲子。

辰年、戌年、丑年、未年为季年，季年不用季月，要忌少子。

孟、仲、季年相同起长生，遇到绝月则不能用。

# 论纳音

| 生旺 | 水土命 | 金命 | 木命 | 火命 |
|---|---|---|---|---|

有气　申酉戌　巳午未　亥子丑　寅卯辰
月日　亥子　　申酉　　寅卯　　巳午
列表如下：

| 生旺<br>有气<br>月日 | 水土命<br>申酉戌<br>亥子 | 金命<br>巳午未<br>申酉 | 木命<br>亥子丑<br>寅卯 | 火命<br>寅卯辰<br>巳午 |
| --- | --- | --- | --- | --- |

　　人的本命都有金、木、水、土五生属性，按五行纳音，各命人都有所忌月、日，也都有所宜月、日。

# 附：逐月合寿木吉日

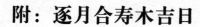

正月：丁丑、戊寅、癸巳、辛酉、癸酉、乙酉。

二月：丁丑、癸巳、丁未、戊申、癸亥、戊寅、戊申。

三月：癸巳、丁未、戊寅、壬申、庚申。

四月：丁丑、壬辰、丁未、戊申、壬戌。

五月：戊寅、壬辰、丁未、戊申、壬戌、癸亥。

六月：戊寅、壬戌、癸亥。

七月：乙卯、壬戌、癸亥、壬辰。

八月：戊寅、癸巳、甲寅、壬戌、癸亥、壬辰。

九月：戊寅、壬辰、戊申、壬戌、癸亥。

十月：丁丑、戊寅、丙午、丁未。

十一月：戊寅、壬辰、戊申、壬戌。

十二月：戊寅、壬辰、癸巳。

以上各月吉日不犯天瘟受死重丧、鲁班刀砧煞等凶日。

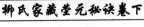

# 附：逐月开作生坟吉日

正月：丁丑、戊寅、辛酉、癸巳。

二月：丁丑、丁未、戊申、戊寅、庚申、癸亥。

三月：癸巳、丁未、戊寅、外，壬申、丙申、庚申、甲申。

四月：丁丑、壬戌、戊申、壬辰、外，辛酉、丁酉、乙酉。

五月：戊寅、壬辰、丁未、壬戌、甲寅。

六月：戊寅、壬戌、癸亥、外，壬申、甲申、丙申、庚申。

七月：癸亥、乙卯、外，壬辰。

八月：戊寅、癸巳、甲寅、壬戌。

九月：丁丑、戊申、乙卯，外庚申、甲申、壬申、庚午、丙午。

十月：丙午、丁未、戊寅，外乙酉、丁酉、辛酉、癸酉、辛未、庚午、甲子。

十一月：壬辰、戊申、壬戌。

十二月：戊寅、壬辰、癸巳、丙午、丁巳、癸亥。

以上吉日，不犯天瘟、土瘟、土禁、重丧、受死、死气月煞等日大忌。

# 附：逐月安葬吉日

正月：己酉、辛酉、癸酉、丙午、壬午、乙酉、丁酉、乙卯、辛卯、丁卯、癸卯。

　　二月：丙寅、甲寅、庚寅、壬寅、丁未、乙未、癸未、甲申、丙申、庚申、壬申、辛未。

　　三月：甲午、丙子、庚子、壬子、丙午、庚午、壬午、甲申、丙申、庚申、壬申、乙酉、丁酉、辛酉。

　　四月：乙丑、丁丑、己丑、癸丑、乙酉、丁酉、己酉、辛酉、癸酉、甲午、戊午、庚午。

　　五月：甲寅、戊寅、庚寅、壬寅、丙寅、丙申、庚申、壬申、甲申、乙丑。

　　六月：甲寅、庚寅、壬寅、辛卯、甲申、丙申、庚申、壬申、乙酉、丁酉、辛酉、癸酉、丙寅。

　　七月：丙子、壬子、壬辰、丙申、戊申、壬申、乙酉、丁酉、辛酉、己酉、癸酉。

　　八月：癸丑、戊寅、丙寅、庚寅、丙辰、壬辰、庚申、壬申、癸酉、了酉、己酉。

　　九月：丙寅、庚寅、壬寅、丙午、庚午、壬午、甲寅、丙午、甲午、厂西、己酉。

　　十月：丁卯、甲辰、甲午、戊午、庚午、乙未、丁未、己未、辛未、癸未、己卯、乙卯、辛卯。

　　十一月：丙寅、甲寅、戊寅、庚寅、壬寅、甲辰、壬辰、甲申、丙申、戊申、庚申、壬申。

　　十二月：甲寅、丙寅、庚寅、壬寅、甲申、丙申、庚申、壬申、庚午、壬午、丁酉、乙酉。

　　以上安葬吉日，内有犯小可神煞，先贤屡用无害，但要无山头符合者，吉。

## 【白话点拨】

　　择吉的原则是：大煞避之，中煞化之，小煞不忌。

　　**附：治寿圹作灰隔**

仅取木炭、石灰、沙土三物和匀，筑于棺之四旁及棺之盖上。圹内筑满，然后以石板封圹。朱子曰：炭御树根，避水蚁，石灰得沙而实，得土而粘，得土而枯，岁久结而为金石，蝼蚁、盗贼皆不可进也。朱子又曰：炭末七八十斤，既避湿气、免水患，又绝树根不入，树根遇炭皆生转去，以此见炭、灰之妙，盖灰是木之死物，无情，故树根不入也。

# 显、曲、专三星

## 正、四、七、十月

煞贡：丁卯、丙子、乙酉、甲午、癸卯、壬子、辛酉。
直星：戊辰、丁丑、丙戌、乙未、甲辰、癸丑、壬戌。
人专：辛未、庚辰、己丑、戊戌、丁未、丙午、壬辰。

## 二、五、八、十一月

煞贡：丙寅、乙亥、甲申、癸巳、壬寅、辛亥、庚申。
直星：丁卯、丙子、乙酉、甲午、癸卯、壬子、辛酉。
人专：庚午、己卯、戊子、丁酉、丙午、乙卯。

## 三、六、九、十二月

煞贡：乙丑、甲戌、癸未、壬辰、辛丑、庚戌、己未。
直星：丙寅、乙亥、甲申、癸巳、壬寅、辛亥、庚申。
人专：己巳、戊寅、丁亥、丙申、乙巳、甲寅、癸亥。

显，主星鸾驾星，名曰：青龙天德符。符入宅，凡遇人造作、嫁娶、出行、移居、上官赴任、立券、安葬等事，不出三年内，有官者禄位，高迁。无官者，田宅增益，富贵兴旺，生贵子，大发财谷，父慈子孝，奴仆成行，所为多庆，百事芜忌。

曲，紫微鸾驾星，名曰：金柜符。符入宅，凡遇人造作起盖盖、赴任上官、开市交易、修造阴宅一切诸事，不出三年内有大吉庆之事。有官者必高迁。无官者，百事称心，牛马兴旺、资财致富。当年招横财，若遇金神七煞，壬午年必见凶事，遭天脱之罪。

专，天星鸾驾星，名曰：太阴金堂符。符入宅，凡遇造作、嫁娶、移徙、上官、开户立券、安葬等事，二年内生贵子，三年内有官者禄位，高迁。无官者，所为吉庆，大发财谷，得外人力，喜事自然而来。

## 【白话点拨】

显、曲、专三星即煞贡、直星、人专。煞贡即是"显星"，名叫：青龙天德符或玉皇銮驾。此星入宅，凡是遇到有修造、起盖、嫁娶、出行、迁移居住、上官赴任、立券、安葬等事，不出三年家内有做官的一定会升官。不做官的人家，大增钱财，富贵有余、兴旺，家有贵予，大发财源，谷物丰收，所做所为之事，多有吉庆。没有什么可禁忌的。

直星，即"曲星"，名叫：金柜符、天皇銮驾。此星入宅，凡是遇到造作起盖、赴任上官、开市交易，安葬等事，不出三年之内，准有大吉庆之事。若是遇到"金神七煞"，则会当年招横壬午年，必定会见到凶灾之事，要遭受大罪。

人专，即"专星"，名叫：太阴金堂符，紫微銮驾。入宅，凡是遇到造作、嫁娶、迁移、上官、开户、立券、安葬等事，二年内家里有人生贵子。三年内有当官的高升。家中没有当官的，不管做什么事，都会吉利喜庆，大发财源，谷物丰收，并能得到外人的力量相助，重大喜事，接连不断，自然到来。

# 金神七煞

| 月干 | 甲 | 乙 | 丙 | 丁 | 戊 | 己 | 庚 | 辛 | 壬 | 癸 |
|---|---|---|---|---|---|---|---|---|---|---|
| 日支 | 午未申酉 | 辰巳 | 子丑寅卯 | 寅卯戌亥 | 申酉子丑 | 午未 | 辰巳 | 子丑寅卯 | 戌亥 | 申酉 |

金神七煞《协纪辨方书义例·金神》中称：金神者，太白之精，百兽之神，主兵戈丧乱，水旱瘟疫，所理之地忌筑城池、建宫室、竖楼阁、广园林、兴工上梁，出军征伐、移徙嫁娶、远行赴任，犯干神者，其忌尤其。

甲己之年在午未申酉。

乙庚之年在辰巳。

丙辛之年在子丑、寅卯、午未日。

丁壬之年在寅卯戌亥。

戊癸之年在申酉子丑。

其余仿此类推。

# 单葬押圹

凡人家单葬妻丧，单葬夫丧，古有阳待阴，阴待阳之说，若不押镇，必主重丧。宜用新砖一个磨清做平，上书神符。左边写：身

披北斗头戴三台，右边写：寿山永远配石朽人来。背书：长命富
贵。葬后十年大吉。

**生坟压圹灵符**

## 【白话点拨】

凡是有人家单葬其妻，
或单葬其夫，古代人们，夫
妇俩人构成一个完整的家，
阴阳互补，一个也不能少。
认为有阳等待阴，阴，等待
阳的说法，必要压镇破解，
否则必主重丧。宜用新的方
砖磨平，在珠砂上写上神
符。左边写：身披北斗头戴
三台。右边写：寿山永远朽
石人来。背面书写：长命富
贵吉。如果这样做的话，过
后十年会大吉。

阳圹灵符　　阴圹灵符

# 玄女分金大葬

妄说寻龙易，不知点穴难。若然差一指，如隔万重山。差之毫
厘，失之千里。

夫拨棺调向，首顶来山足踏去水吊得贪、巨、武、辅、弼之
星，并玄女分金分得脐、耳、鼻，大吉，腹半吉，必致子孙官禄荣
昌，资财富贵，百事大吉。宜用新砖二个，殊书分金符牛局一个，
定山首一个定向，足能避伏尸故气，葬后千年大吉。

秘诀：寻龙容易点穴难，全在拨棺调向间，俗师不明倒杖诀，安移棺木指东南。

愚师不晓分金大葬者，不用此术。

# 改正大葬

凡葬男妇，单丧在于新地，皆得立券，阴人不掌券，俗师胡谈。如葬尊长，如人在世，如人置地，皆可置券，永无争兢，勿信邪说可也。

## 【白话点拨】

凡是安葬已亡的男子、妇女，单独葬在新的地方，都得立券，既写"铁券文式"，如果家人不立券，那必是平庸的风水师在胡谈。立券就是得到新的阴宅地的地契。对待新的葬地，就如同买田地一样，都是要办理地契的，这样永远也没有什么纷争，千万不要相信别的邪说。

# 三父八母

凡嫡父、嫡母，继父、继母，养父、生母，嫡继庶生四母合葬，出恩养的慈四母不得合葬。出母既别前夫，尸骨改嫁他人，为子者，不可收来人茔合葬，死在九泉之下，难见前夫之面也，亡魂不得安，与僧道尼之还俗同也。

中国传统术数总集 第一辑

【白话点拨】

以上所说，为人之常理，不可不做。凡是其人的亲生父亲和亲生母亲，下世后可以合葬。其人的继父和继母可以合葬。其人的养父和生母可以合葬。如果其人的父亲先去世，其人母亲改嫁他人，在其母亲去世后，不得再回其家族葬地，与其人父亲合葬。因其人母亲生前改嫁他人，那么死后尸骨也是改嫁他人，作为她的儿子，不可在其死后再收来尸首与其亲生父亲合葬，其母亲就是在九泉之下，也难以见到前夫，有妨其前夫的尊严，使亡魂不得安宁。

# 破俗弃葬

圣贤设教茔葬大事，安忍暴露，火焚身躯。若无茔，可以归于漏泽园中。如残病之人可归正穴。惟僧道娼尼及外往之丧别处埋之。如外人小口及仆人者死，大门出者无妨，勿信邪说。

【白话点拨】

人去世之后，要立茔安葬，这些大事应该慎重对待，岂能让亡人的尸首暴露于外面。人的身躯若用火焚，古代已有人用火葬，如果这样的话，不需要坟，还可以将骨灰放在漏泽园中。残病的人去世之后，可放在正穴。惟有和尚、道士、娼妓、尼姑及外出死在半路上之人都应当在别处埋葬。如果大宅院内的外人，小口及仆人死了之后，灵柩从大门出者，不妨碍什么事，不要相信别的异端邪说。

# 不忍殇葬

凡男女七岁为下殇，十岁为中殇，十三岁为上殇，埋在祖穴土山后首，头向祖，男左女右。宜可告祖。如三五岁下殇，埋之若无茔地，易见利方。

## 【白话点拨】

殇：指人没到成年就死去。凡是男、女七岁以下去世为下殇，十岁去世为中殇，十三岁去世为上殇。应埋在祖宗穴地土山后首处，头向着祖穴，男居祖穴左边，女居祖穴右边，这样做算是告祖。如果有小孩在三、五岁时夭折，埋葬时，不应留坟墓。

# 破堆金葬

遇师谩说会阴阳，自处堆金立墓堂。

不按仙经生狂语，只凭己见自称杨。

先亡往日单遮葬，上祖今朝总一房。

既是尊卑分大小，焉能老幼得同床。

凡人家重丧连绵不止者，宜用瓦锥一个，盛面五升，五谷五升，用松柏叶盖口上，用黄表朱砂书平定二字，一字向里，一字向外，丧未出时，先埋于外门坎下一尺二寸，仍用六精等药并五谷各房洒镇，追赶凶气，祭告天地神，家无大咎。

**【白话点拨】**

随便请了一个相地师，骗人说自己会阴阳之道，懂相宅相墓术，自吹自擂，口出狂语，只凭自己的见解，妄称自己为大相地师杨筠松在世。结果到最后得到的应验，全是不吉利。凡是有家庭内接连不断有人死亡的视为重丧。应用瓦锥一个，盛面五升，五谷五升，用松柏中放在墓穴口上，在黄表纸上用朱砂书写"平定"二字，一字向里，一字向外，丧还没出时，先埋在外门坎下，深一尺二寸处，仍用六精等药和五谷各房洒之镇之追赶凶气，祭告天地诸神，家内再不会有灾难。

# 押镇神咒

天圆地方，律令九章，吾今下镇，诸殃皆退，万鬼潜藏，家宅平安，出入皆遂，人口永康，吾奉太上老君，急急如律令。凡人家有瘫患、涝疾、疲疾、血腥死者，恐后有相传，以法根镇，永无后患。其法取鬼门方向桑枝一条，长一尺三寸，丧未出时，放在大门限上，师人持咒以刀三斩，灵起时，停枢处，埋避殃砂鬼见愁、鬼箭羽雄黄安息下九寸，则吉。

**【白话点拨】**

咒语：天圆地方，律令九章，吾今下镇，诸殃皆退，万鬼潜藏，家宅平安，出入皆遂，人口永康，吾奉太上老君，急急如律令。

凡是家里有患瘫痪、痨病、血腥而死的，恐怕以后再有人患这些灾难，用法术从根本上以镇之，后人就不会再患。其方法是：取鬼门方向桑枝一条，鬼门即是艮门，长一尺三寸，丧未出时，放在大门限上，法师持咒用刀三折，灵枢起时，停枢处，埋避殃砂、鬼愁、鬼箭羽雄黄安息下，九寸处，则是大吉。

# 斩桑咒

盖闻：天圆地方，律令九章，吾今斩除，除去百殃。一斩去天殃，天逢道路鬼，斩却诸魔鬼，永远离家乡。二斩去地殃，地户降吉祥，男邪女归正，斩灭自消亡。三斩去鬼殃，百怪远潜藏，断除诸恶事，家眷自安康：吾奉玉皇律令敕。

## 【白话点拨】

这是一种安葬咒语：天圆地方，律令九章，吾今斩除，除去百二一斩去天殃，天逢道路鬼，斩却诸魔鬼，永远离家乡。二斩去地殃，地户降吉祥，男邪女归正，斩灭自消亡。三斩去鬼殃，百怪远潜藏，断除诸恶事，家眷自安康。吾奉玉皇律令敕。

# 悬棺点主

先将棺枢抬放穴口上，而莫动，候师人祀曰题神主扛天下葬，棺未落穴地，祭官即便点主，其亡魂上升赴主，乃真神如在，尤似丁兰刻木为亲，其孝至矣！

## 【白话点拨】

先将棺枢抬放到墓穴口上，先不要动，待相地师正式宣布下葬，在棺材还没有放到穴地时，祭官便可以点主，这样亡者的亡魂就会升天，犹如真神在，好像丁兰刻木为亲。悬棺点主，是表示晚辈的孝道，先灵的寄托。

**附：悬棺点主口诀**

点主口诀（一）：我今把笔对天庭，二十四山作圣灵，孔圣赐我文昌笔，万世由我能作成。点天、天清。点地、地灵。点人、人长生。点主、主有灵。

主上添来一点红，代代儿孙状元郎。

点主口诀（二）：一点文房四宝透天庭。二点二十四山作圣灵。孔子遗下文章来。再点房房人间出公卿。

笔，儿孙代代出贤人。

一笔擎起点上天，孝门家下子孙贤。王字头上加一点，世代荣华万万疆。

**附：散五谷口诀**

诀（一）：今将粮米镇四方，儿孙个个坐新堂。镇起粮田千万顷，镶起稻谷满千仓。一散东、儿孙个个在皇宫。二散西、儿孙个个穿朝衣。三散南、儿孙个个五子男。四散北、儿孙个个皇都客。五散中央戊己土、儿孙代代坐皇都。散高高，儿孙代代进登科。散得完、儿孙代代出状元。

诀（二）：一散东方甲乙木，荫佑儿孙发财禄。二散西方庚辛金，荫佑儿孙发黄金。三散南方丙丁火，荫佑儿孙发财宝。四散北方壬癸水，萌右儿孙大富贵。五散中央戊己土，荫佑儿孙做国老。五谷五谷，带转人人发福禄。

诀（三）：伏以天道为清，地道为宁，二十四山作证明，仙赐五谷种财丁。散山山兴旺，散水水朝堂。一散东方甲乙木，青龙将军来降福，而今亡人安葬后代代子孙受天禄；二散西方庚辛金，白虎将军来降临，而今亡人安葬后，代代子孙斗量金；三散南方丙午丁，朱雀将军到离宫，而今亡人安葬后，代代儿孙出公卿；四散北方壬子癸，玄武将军居坎位。而今亡人安葬后，代代儿孙富贵随；五是中央戊己土，螣蛇将军位上坐，而今亡人安葬后，代代儿孙寿彭祖；五谷散落土，代代子孙认成祖，山明水秀听吾断：一要人丁千万口。二要财宝自丰盈。三要子孙螽斯盛。四要头角倍峥嵘。五要登科及第甲。六要牛马自成群。七要南北山府库。八要福寿好延长。九要家资石崇富。十要富贵永无穷。

诀（四）：地师用手捧起米斗，先呼"五谷捧起来，家子孙添丁大发财"，续呼："伏维天道为清，地道为宁，彳出赐五谷子，养育人长生。一把五谷散出去，千灾万厄尽消除。散天、天清；散地、地宁；散山、山兴旺；散水、水朝堂；散人、人长生。在米斗内抓起五谷，向所念之处，轻轻洒出。以下亦每呼一句洒一次。

一散东方甲乙木，从今房房皆发福。二散西方庚辛金，代代子孙点翰林。三散南方丙丁火，官拜尚书到国老。四散此方壬癸水，金银财宝谷丰堆。五散中央戊己土，代代子孙寿命如彭祖。（五谷洒向坟顶。）五谷散人来，代代子孙大发财。五谷散后土，代代子孙五代祖。五谷散得完，代代子孙中状元。大进大发，富贵荣华，百子千孙，进。

地师呼毕，再将米斗内之五谷、钉子、钱币分给丧家亲族。

# 附：逐月成服吉日

正月：乙酉、庚寅、丙午、丁酉、癸巳、癸丑、戊午。
二月：甲子、庚寅、丙午、庚申、癸巳。
三月：甲子、乙酉、庚寅、丁酉、庚申、癸丑。
四月：甲子、乙酉、庚寅、丁酉、庚申、癸丑、戊午。
五月：乙酉、庚寅、庚申。

六月：甲子、乙酉、庚寅、丁酉、丙午、庚申。

七月：甲子、乙丑、丙午、丁酉、癸丑、戊午。

八月：甲子、庚寅、庚申、戊午。

九月：甲子、乙酉、庚寅、丁酉、丙午、庚申、戊午。

十月：甲子、乙酉、庚寅、丁酉、丙午、庚申、戊午。

十一月：甲子、乙酉、庚寅、丁酉、庚申。

十二月：甲子、乙酉、庚寅、丁酉、丙午、庚申、戊午。

## 【白话点拨】

成服：指亡人丧礼后，其亲属为亡人服孝。我国旧时对成服的规定一般是丧礼后三日始。每月都有吉日如上所述。

# 回灵趋吉

凡是安灵，必须用一盆水，用一把刀，放于门前等亡人的各种亲人到后，都要分别手命刀，连洗刀带洗手，这时人师还要念咒语：水洗家门常清净，刀斩邪魔永不侵，急急如律令。

# 除服吉日

宜鸣吠对日。

忌重丧破日。

宫、羽音寅，角音巳，徵音申，商音亥日。

## 【白话点拨】

附：逐月除服吉日

正月：辛卯、乙卯、外丁卯、己卯、癸卯。

二月：戊辰、庚辰、壬辰、丙辰。

三月：辛巳、癸巳、乙巳、丁巳。

四月：、庚午、壬午。

五月：乙未、巳未大吉，外辛吉。

六月：壬申、甲申、丙申、庚申。

七月：己酉，外癸酉、丁酉、乙酉、辛酉。

八月：甲戌、丙戌、戊戌、壬戌、寅戌。

九月：辛亥，外乙亥、丁亥、癸亥。

十月：丙子、庚子，外甲子、戊子。

十一月：乙丑、丁丑、己丑、辛丑。

十二月：戊寅，外丙寅、庚寅、壬寅、甲寅。

# 开山斩草礼仪式

凡人家创立新坟，预先开山斩草，破土立券，须用被克吉日到于新地，设立门户，摆列坛场，逐一祭告，为之开山斩草者。

人生以草为褥：草者，地之毛，人生游于地上，死则归于地下，乃人之始终不离草。故曰：斩草坟地不论大小，取地心中为中央，至诚之所祭祀，设立明堂。明堂者，丙火明德之称，故为明堂。自天子至于庶人，不可不立，不可不祭。天子为皇堂，大夫为享堂，庶人为明堂。不开山、不斩草名次葬，不立明堂，名为葬，皆主亡人不安，生人不利。若开山斩草，只要诚敬祭神如在，岂有大祭而降福，小祭而降祸哉！是曰：破土就该立券，砌立明堂。秘诀：三先立明堂，人口安康，待吉日安葬。且如天子斩竹，诸侯斩苇，庶人斩草。阳月斩节上，阴月斩节下，以五色线束之，放在五帝位前，并弓箭刀。领祭主告东门而进至南门，跪迎请神座就到后土坛行三献大礼，毕出坛东西序立行赞礼，祭西门毕，祭太岁坛，祭阡陌礼毕，至明堂前，祭土府出坛，引孝子到幽堂前行礼，仍赴五帝位前读券文，领弓箭刀至穴，所行三斩三射，毕将刀丢去五步，行至五帝位行礼告谢，将纸马神牌等项送去阡陌所焚化，毕可将祭物少许及谷草埋在腾蛇死门方向，掘一尺深利，领孝子至穴，所用银刀划穴开地取土定向，安砌明堂。凡人家寻术士，须要留心访问，知正经术业，先行斋戒、沐浴，彼此吉利。

## 【白话点拨】

开山斩草是祭葬的重要形式。凡是有人去世，建新坟，都要执行开山斩草、破土立券等仪式。要选取开山斩草吉日，到新坟地，设立门标，摆列祭坛坛场，逐以祭祀，一项一项的来。这就叫做开山斩草。

人生在世，生活、游走在大地之上，死后要埋于大地之下，入土为安，而草为地之毛。所以说，斩草坟地不论面积的大小，选取地心中为中间部分，在最能表达敬意的至诚之地祭祀，并设立明堂。从皇帝到平民老百姓，死后都要安葬，但安葬的方式是有区别的。安葬时不开山，不斩草，也不立明堂，这叫做暗葬，对亡人不安，活着的人不利。如果在人去世后，行开山斩草仪式，再选取吉利的日子安葬，都能达到吉利的目的。斩草的情况，不同身份的人去世，也是不一样的，叫法也不一样在此就不一一说了。凡是寻找风水师，要留心访问，其人须正直、有如识、术业专攻精良，为人办事前，要先行斋戒沐浴之礼，斋戒即是事前三日内不吃肉，沐浴即是洗澡更衣，这样做，对彼此双方都吉利。

# 明堂安券图

　　大葬明堂，安八角，应八门。若用六角，主子孙瘫患，先王明堂用玉石三百六十枚，诸侯伯用砖一百二十枚，卿大夫六十四枚，士庶人四十九枚，僧道二十四枚，中央立券明镜悬镇物以方安之。

　　按格书八卦奇遇布之。葬后，用砖四枚，殊书：乾天圆、坤地方、巽律令、艮九章。埋四句深三尺，则吉。

明堂安券图

## 【白话点拨】

　　明堂指穴前平坦开阔、水聚交流的地方，是定穴立向的重要标志。按距离穴场的近远，又可分为内明堂、中明堂，外明堂。大葬明堂，安八角以应八门，如果缺少两角，只安六角，则亡人的子孙会有瘫痪之灾难。皇帝的明堂，用玉石三百六十枚来砌，诸侯的明堂用砖一百二十枚来砌，士大夫的明堂用砖六十四枚来砌，平民老百姓的明堂用砖四十九枚来砌，僧人、道士的明堂用砖二十四枚来砌，在中央立券，明镜悬心镇物，以使各方面都得到吉利、平安。八角应八门可按八卦对应布列。安葬后，用砖头四枚，用殊砂写在黄纸上，贴在砖上写下：乾天圆、坤地方、巽律令、艮九章。将这四句话埋在地下深三尺的地方，则为大吉。

# 五帝标

每长五尺，按五色插四维，上挂彩缎。

乾为天廉路大神标　坤为地廉路大神标

艮为山廉路大神标　巽为风廉路大神标

中央皇帝土位总统大神标，长一丈二尺押中央。

## 【白话点拨】

五帝标，每个长五尺，用五种颜色的绸缎成制成之后插在四维乾坤艮巽方位上，上面挂的全是彩色绸缎。

乾为八卦之一，代表天，因此乾为天廉路大神标。

坤为八卦之一，代表地，因此坤为地廉路大神标。

艮为八卦之一，代表山，因此艮为山廉路大神标。

巽为八卦之一，代表风，因此巽为风廉路大神标。

按照五行八卦排列，中央属土，中央位置大神标长为一丈二尺。

# 插标分路

天泽火雷风水山地。先天八卦

一乾二兑三是离，四震五巽六坎下。

七艮八坤之奎降，此天便是冲天卦。

**天南地北斜角穿连，周而复始卦取本源。**

凡标杆用六尺高，四门八标用八尺高，廉路标用九尺高，中央标用一丈五尺高。凡为标旗，俱照图式写法，不许遗漏。秘诀云：标上无名，定出夜行之人，慎之慎之。天子标高二丈四尺，诸侯标高一丈一尺，卿大夫标高一丈二尺，士庶人标高六尺，僧道师尼标高五尺，俱应天地气数，五行星象。

凡茔内神牌甚多，师人照坛便用，难以尽述。

# 明堂祭土府

山家土府曰：应神祇上府，门下千二百神曰：伏缘厶惟，神遵居士府，位奠中央，统五方宰制之权，遂万物生成之主，城隍社令各施职事之岁土地方隅，共守丘陵之正令辰破土之后赞襄。尚享。

## 【白话点拨】

山家土府说应神恭敬上府，门下一千二百神说：伏缘某维神遵居土府，位尊中央，统五方宰制之权，于是为万物生成之主城隍社令各司其职于岁土方一隅，共守丘陵之正令辰破土，惟奠替奠。尚享。

# 祭太岁

值年太岁至德尊神曰：伏缘厶惟，神位居阴府掌理冥星，乃年中天子以除邪降祥，施吉庆于穴前，荡去恶于地界。伏愿破土之后，保生安亡稳，尚 享。

# 砌明堂口诀

地心明堂里用砖，六十四卦按先天。

砚瓦似面墨似眉，大重似角小重肩。

匙为舌头鸡子眼，腰石筋丝筋为胁。

钱似骨枯绢袋肠，铜镜胸膛绵为肉。

白纸似皮笔为尾，玉石金银为宝器。

经书全备子孙儒，男女孝顺世贤良。

明灯一盏万年吉，神曲五谷发福余。

清香雄黄押凶恶，面前两边比目鱼。

车辐安左铃丝右，香炉南方瓶北居。

中央戊己擎天柱，一尺二寸按伏义。

鹿牛纸马塞地户，桑弓柳箭射鬼路。

有人晓得明堂理，出在洪泉秘诀书。

【白话点拨】

传统安葬过程中祭葬形式之一，在墓穴用砖来砌明堂，八个方位按照先天八卦方位。砌明堂所用的砚瓦要质地优良，砚瓦如是黑色的，要像人的眉一样黑。大重要似角，小重要似肩。匙为舌头好像鸡子眼一样，钱好似骨枯绢袋肠一样。砌明堂时还要准备铜镜、白纸、玉石、金银宝器、经书等物品。准备明灯一盏，这样会照出万年吉祥。要准备神面、五谷，这样亡人的后代会发财有福，富贵有余。要准备清香、雄黄作为镇物，以压（押）凶恶。车辐要安放在明堂左边，铃丝要安放在明堂右边。香炉要安放在明堂南边，瓶子要安放在明堂北边。中央戊己方位，要按照伏仪，用一尺二寸的天桂。用纸扎的鹿、牛、纸马要放在地户方，用桑条做的弓，用柳条做箭射鬼路方，以阻止灾殃出现。如果有人晓碍这些道理，必出在柳洪泉的莹元秘诀之内。综上所述，这也可能是柳洪泉个人发明的。

# 直符神

年直在亥是根由，不用子午向上求。
月直还从申上起，寅卯二位不中体。
日直逢到巳字上，除丁亥字总是休。
时直寅上冲申酉，五逆五顺两指头。

解曰：如戊午年直从神亥上起，甲戌上、乙酉上、丙申上、丁未是戌字，乃为小吉之神，此乃五逆。又如癸亥年直从子上是己丑上、庚寅上、失。秘诀云：凡立明堂，须用四直神掌卷。若无直符主事，葬后发凶。皆因买地不立证，见后土伏尸相争，即为盗葬，主鬼魂不安，以致生人不利也。大葬祭物主人不可妇持，主重服大凶。

【白话点拨】

年直在亥，不能用子午。月直从申上起。日直从巳上起。时直从寅上起。解说：如果戊午年直从亥上起，那么甲戌上、乙酉上、丙申上、丁未上是戌字，为小吉之神，这种情况按五逆来数。又如癸亥年直从子上起，那么己丑上、庚寅上、辛卯上、壬辰上遇癸字即是天罡这神，这种情况是按五顺来数。余皆仿此类推，会万无一失。秘诀：凡是立明堂，必须用四直神掌握堂券。如果没有直符主事，亡人下葬后会发凶。都是因为买得坟地不立字据。见到后土伏尸相争，即是为盗葬，这样会使亡人在天之灵不安宁，以至于活着的生人也会不利。大葬祭祀时的祭主不能用妇女来主持，如果那样做会发生重丧，大凶。

# 斩草仪注

用草九根，五色线束之，并弓箭刀，先设在明堂前，须孝子进东门。出南门先请山家诸神，祀后土祭四门、太岁、仟陌。祭明堂，幽穴已毕。领孝子于明堂前，取弓箭、刀草至穴所，祝生念：上启九天，下告于地，今日斩草，殃去福至，今孝子执弓箭，向东北鬼路射一箭，斩草一段，三射三斩，祝曰：一箭射天殃，二箭射地殃，三箭射鬼殃，射断凶恶鬼，永远离家乡。

一斩去天殃，妖魔尽损伤，星辰来护卫，日月显三光。
二斩去地殃，戊己坐中方，伏尸皆化散，魍魉总消亡。
三斩去鬼殃，鬼魅尽潜藏，亡魂超仙界，穴内永祯祥。

## 【白话点拨】

斩草是传统安葬过程中祭葬形式之一。以草象征各种灾害神煞。孝子祭奠时，用草九根，用五色线捆成束，再拿出弓箭和刀。先把这些东西放在明堂前，孝子必须从东门进，从南门出，以迎请山家诸神，再祭祀四门、太岁、仟陌。祭明堂、幽穴。这些仪式完毕之后，带领孝子于明堂前，取出弓箭、刀、草到墓穴前，口中要念出以下语言：上启九天，下告于地，今日斩草，殃去福至。今孝子执弓箭向东北鬼路射一箭，用刀斩草一段，并要射三次箭，斩三次草。口中要再念：一箭射天殃，二箭射地殃，三箭射鬼殃，射断凶恶鬼，永远离家乡。三次斩草时，口中要念：一斩去天殃，妖魔尽损伤，星辰来护卫，日月显三光。二斩去地殃，戊己坐中方，伏尸皆化散，魍魉总消亡。三斩去鬼殃，鬼魅尽潜藏，亡魂超仙界，穴内永祯祥。

# 下针定向

乾元亨利贞，针法理尤深，能祭致宅事，阴阳妙有灵，秘诀似神通，至灵至望感应，奉请苗光乔、赵光普、袁天罡、李淳风一切先师，悉故真香并同供奉。今有某府人，孝子某为因某丧，天有三奇，地有六仪，精灵异怪，故气伏尸，黄泥赤土，瓦砾坟墓，放光百步，随针见之，急急如律令。

## 【白话点拨】

这是传统安葬过程中，当确定下葬的位置后，用罗盘测定墓穴方向时的一种形式。在下针定向时要念咒语：乾元亨利贞，针法理尤深，能祭致宅事，阴阳妙有灵，秘诀似神通，至灵至望感应，奉请苗光乔、赵光普、袁天罡、李淳风一切先师，悉故真香并同供奉。今有某府人，孝子某为因某丧，天有三奇，地有六仪，精灵异怪，故气伏尸，黄泥赤土，瓦砾坟墓，放光百步，随针见之，急急如律令。

# 划穴起土

天圆地方，律令九章。今辰破土，万事吉昌。金锄一举，瑞满山岗。

鬼魅凶恶，远去他方。金锹再举，起圹安祥。千秋百岁，富贵永昌。

**一划天门开阔，二划地户紧闭。**
**三划鬼路塞严，四划人道通利。**

## 【白话点拨】

这是传统安葬形式之一。在划定穴位起土时，口中要念划穴起土口诀：**天圆地方，律令九章。今辰破土，万事吉昌。金锄一举，瑞满山岗。鬼魅凶恶，远去他方。金锹再举，起圹安祥。千秋百岁，富贵永昌。** 除了上面的一种口诀，在开穴时还要念以下几句诗：一划天门开阔，二划地户紧闭，三划鬼路塞严，四划人道通利。水流入的地方叫"天门"，流出的地方叫"地户"。天门、地户都叫"水口"。水主财气，天门开阔则会财源广进，地户紧闭，即地户收，则会财气不散。

附：一、盖棺口诀

曰：吉时良天地开，盖棺大吉大发财，天清地灵日月明盖棺子孙进财丁。

附：二、封钉（封棺）口诀

诀（一）：手执金斧要封钉，东西南北四方明，朱雀玄武来拱照，青龙白虎两边排。一钉添丁及进财，二钉福禄天降来。三钉三元及第早，四钉子孙满厅阶。代代子孙大发财。（此诀最被广为采用）。

诀（二）：一封天官赐福，二封地府安康，三封生人长寿，四封百煞潜消，五封子孙世代荣昌。

附：三、赐杖口诀

赐杖是祯祥，福禄寿双全。房房受富贵，代代名传扬。

附：四、承服口诀

家门千载盛，富贵万年兴。房房皆富贵，代代出贤人。

附：五、外家接服口诀

今日外家来接服，身空麻衫哀哀哭，你母今日丧事过，丧事已去进百福。

附：六、外家封棺口诀

双家跪落地中心，抱麻执杖泪母亲，你母今日丧事过，丧事已去发万全。你今有孝心，双脚跪黄金。你今请爬起，代代出贤人。

附：七、开锣口诀

手拿金锣打三声，道士来吊亡升天。你母今日丧事过，丧事已去富万年。锣声打起响溱溱，孝门家下大吉兴。佛祖面前为功德，儿孙代代出贤人。

# 明堂步数

**宫文商贪角巨门，羽音属水起廉贞。**

徵音破军加其位，一步一星定吉凶。

贪狼巨武左右吉，禄文廉破欺家缘，

起例：贪巨禄文廉武破左右。

## 【白话点拨】

这是一种五音葬法，没有任何依据，流行在宋代，现已被抛弃。在此简单介绍他的原理，中国人所有的姓氏中，都可以按其姓氏的发音不同，分为五种，即宫音、商音、角音、徵音、羽音。五音与五行九星属性再结合起来起例。这种做法抛开峦头，独求理气，没有任何实际意义，不可信。

# 祭坛仪物

设坛九座，每位猪首、三牲、糖桌坐斗果品汤馔香烟、奠酒、新碗、新钟、新席九领全祭宫，祝生即术士。水盆　手巾　苕帚　簸箕　活鸡　黍稷饭。

三献祭祀终请饮福受拜破土开穴礼毕。

## 【白话点拨】

古代人们对土地是很崇拜的，这是在新坟破土前的一种祭拜仪式。用这种方式表达人们对信仰的尊敬，只有这样才更合乎人之常情。

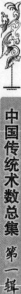

# 旧坟告祖

曰祖某妣某日伏缘厶于年月日时奄逝，停枢自家未及安厝，今以鸣吠吉日，特来祖茔之内，次序裁穴，兹欲破土，恐有惊魂，理当预告，伏愿尊灵幸垂鉴知。尚 享。

## 【白话点拨】

当在一个家庭内，有人去世了，要在家族葬地内安葬，葬前要先到家族葬地，告诉祖宗说：某人在某年某月某日某时仙逝，灵枢停自家里，没有来得及安葬，今天以鸣吠吉日，特来祖茔地之内，按照次序裁穴，现在要破土挖穴，怕有惊魂，理当现告知祖先。尊灵幸垂鉴知。

# 立碑示论

凡立祖定向，须要立一小碑碣于冢前，令师人书定来山，去水向朝某星穴深几尺，以示后术仿此而行，庶无差误。若不如此，后人不知某山穴向、穴浅、穴深，必然返逆山向，浅深不一。秘诀云：是乃背祖脱脉，主子孙忤逆，离乡别土灭绝，故也，慎之慎之。

## 【白话点拨】

凡是家族的坟墓都有一个朝向，必须要在坟墓之前立一块碑碣，让地师或人们在上面刻上此墓来山，去水，朝向，某某墓穴，深浅几尺。以后家族中再有人去世，仿照此法办事，就不会有什么误差。如果不这样做，后人不知道祖宗墓穴是何山、何向、何深、何浅，必然会造成新的墓穴与祖宗墓穴的坐山、朝向不一致，深浅不一致。秘诀上说：新的墓穴与祖宗墓穴不一致，叫背祖脱脉，主后代子孙不孝顺，困难重重，别乡离土，子孙慢慢稀少直到灭绝，这些情况的发生，是因为以上原因所造成。因此要慎重对待。

## 附：竖碑口诀

**竖起玉笏天门开，左龙右虎两边排。**
**后代子孙大富贵，科甲连登及第来。**
**山山降下是真龙，乾坤正气旺此中。**
**诗书传家长荣耀，科科竖起状元旗。**

## 乡俗通葬

古代葬有十法，各随乡俗，用法不同。盖葬一曰：阡陌葬，二曰：金车葬，三曰：窟葬，四曰：突葬，五曰：拢葬，六曰：墩葬，七曰：卧马葬，八曰：昭穆葬，九曰：礼经葬，十曰：抱孙葬。

今人多用昭穆为名，实乃正葬，只合次序。兄为昭，弟为穆，子陪父葬，侄陪叔伯，不可脱脉今将葬法正图，开明于后。

## 【白话点拨】

　　在古代埋葬故去的人有很多种方法，大多都是各自随当地多年沿用的乡俗方法。安葬的方法虽然不同，但大概有以下十种：第一种方法叫阡陌葬，第二种方法叫金车葬，第三种方法叫窟葬，第四种方法叫突葬，第五种方法叫拢葬，第六种方法叫墩葬，第七种方法叫卧马葬，第八种方法叫昭穆葬，第九种方法叫礼经葬，第十种方法叫抱孙葬，就像孔子家族的葬法为"携子抱孙"。当今人们最常用的是昭穆葬法，这实际上也是人们公认的正葬法，这种葬法只是合乎次序而已，大家心中都好接受。

　　此书乃术中之的用，师家之行本，价值千金！窑藏锦袭，非人勿示。故此云耳！

中国传统术数总集 第一辑

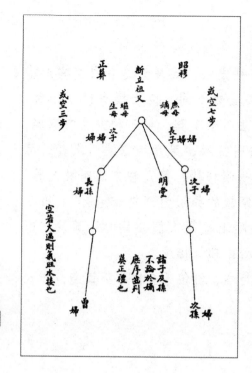

后土壇

開訣墓納新 喪於此祭祀

祖後空三步不葬

左昭右穆分尊卑

上七下八序彝倫

空若大過則氣旺水接也

諸子及孫不論於橫 底序齒列 葬正禮也

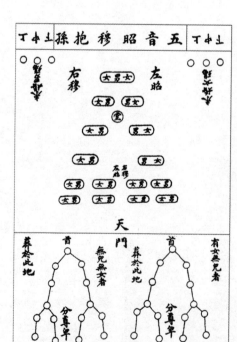

五音昭穆抱孫

左昭 右穆

天門

首 音

葬於此地 無兄大者 有女無兄者

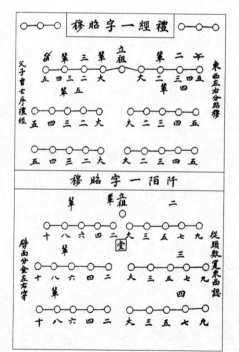

禮經一昭穆

父子曾玄序昭穆

東西左右昭穆

阡陌一昭穆

從數覓東西誤

壁面分金左右穿

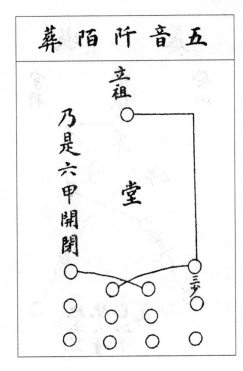

五音阡陌葬

立祖

乃是六甲開閉

堂

三少

車輪影孫葬

宮羽

坎山

祖穴

指父下

乃是甲
丙庚壬

一山二祖

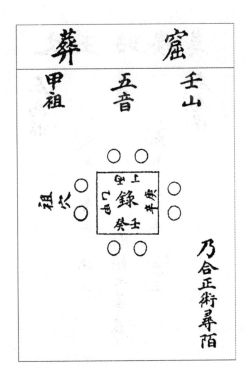

窟葬

壬山

五音

甲祖

錄

祖穴

乃合正術尋陌

突葬

壬山

混元下
求陰

妙異

丙祖

三

四

二

五

氣

墓穴

天心

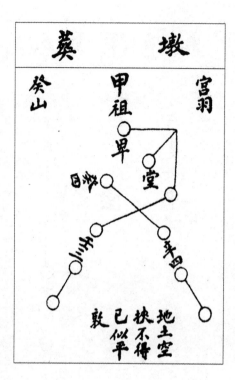

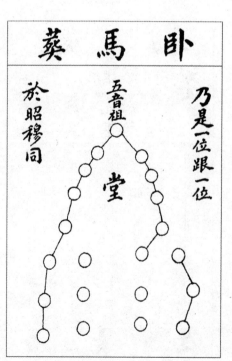

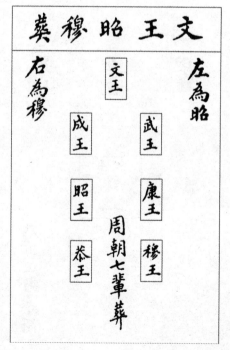

葬攏　角音　丙祖

乃合低中求乳

高處尋窩

葬墩　宮羽　甲祖

癸山

地土空　扶不得　已似平　敦

葬馬卧　五音祖　堂

於昭穆同

乃是一位跟一位

葬穆昭王文

左為昭

右為穆

| 文王 | |
|---|---|
| 武王 | |
| 成王 | 康王 |
| | 穆王 |
| | 昭王 |
| | 恭王 |

周朝七輩葬

中国传统术数总集　第一辑